Victor Hugo

dargestellt von Karlheinrich Biermann

Rowohlt rororo

rowohlts monographien begründet von Kurt Kusenberg
herausgegeben von Wolfgang Müller und Uwe Naumann

Redaktionsassistenz: Katrin Finkemeier
Umschlaggestaltung: Walter Hellmann
Vorderseite: Victor Hugo. Gemälde von Léon Bonnat, 1879.
Versailles, Musée Nationale du Château
(Archiv für Kunst und Geschichte, Berlin)
Rückseite: Cosette fegt die Straße. Zeichnung von
Émile Antoine Bayard aus «Les misérables» , 1879.
Paris, Musée Victor Hugo
(© Photothèque des Musées de la Ville de Paris)
Frontispiz: Victor Hugo auf Jersey, 1853–1855

Originalausgabe
Veröffentlicht im Rowohlt Taschenbuch Verlag GmbH,
Reinbek bei Hamburg, März 1998

Satz Times PostScript Linotype Library, QuarkXPress 3.32
Gesamtherstellung Clausen & Bosse, Leck
Printed in Germany
ISBN 3 499 50 565 7

Inhalt

Anthony Quinn als Quasimodo und Gina Lollobrigida als Esmeralda in «Der Glöckner von Notre Dame» von Jean Delannoy, 1956

Annäherung an einen Unbekannten

Victor Hugo, neben Molière der populärste Schriftsteller in Frankreich, gleichsam der Nationaldichter der Grande Nation, ist in Deutschland nahezu ein Unbekannter. Allenfalls seine großen Romane *Der Glöckner von Notre Dame* und *Die Elenden* sind hierzulande einem größeren Publikum vertraut, und dies in der Regel vor allem aufgrund von Verfilmungen mit berühmten Stars. In neueren Übersetzungen liegen ausschließlich seine Erzählwerke vor, seine Lyrik und seine Dramen tauchen in deutschsprachigen Verlagsprogrammen nicht auf. Die Vorliebe des hiesigen Publikums gilt ohne Zweifel seinen Zeitgenossen Stendhal, Honoré de Balzac und Gustave Flaubert, wenn es um Romanliteratur geht, oder aber Charles Baudelaire, Arthur Rimbaud und Paul Verlaine, sofern es sich um Lyrik handelt. Warum, so mag man sich fragen, tun sich Deutsche so schwer mit einem Autor, dem jenseits des Rheins eine herausragende Rolle zugewiesen wird? Hugo repräsentiert den Typus eines Literaten, wie er sich in Deutschland kaum herausgebildet hat, das heißt den Schriftsteller, dessen Leben und Werk aufs engste verknüpft ist mit den gesellschaftlichen und politischen Umwälzungen eines ganzen Jahrhunderts. Ohne die Große Revolution von 1789 und ihre Folgen läßt sich weder sein individueller Werdegang noch seine kulturgeschichtliche Bedeutung verstehen. Hugo hat nicht nur alle politischen Regime des 19. Jahrhunderts als Zeitzeuge miterlebt, vom Ersten Kaiserreich über die Restauration, die Julimonarchie, die Zweite Republik, das Zweite Kaiserreich bis zur Dritten Republik, er hat zudem als Schriftsteller und Politiker aktiv in die Entwicklungen seiner Epoche eingegriffen. Sein Leben und sein Werk gleichen einem Leitfaden durch die Geschichte Frankreichs im 19. Jahrhundert, seine Biographie ist immer auch eine Gesellschaftsbiographie der Zeit. Daher erweist es sich gerade in seinem Fall als sinnlos und abwegig, Leben und Werk, literarisches Schaffen und politische Praxis als getrennte Bereiche darstellen zu wollen. Eben diese Erkenntnis trägt wohl nicht wenig zum Unbehagen mancher Literaturgeschichtler und -kritiker bei, die Ästhetik und Politik, Literatur und Gesellschaft nicht als zwei komplementäre Seiten derselben sozialen Praxis akzeptieren möchten.

Victor Hugos Leben und Werk sind aber nicht nur das Abbild einer umfassenden sozialgeschichtlichen Entwicklung, sie sind zugleich auch Seismograph aller Konflikte und Widersprüche, die die Gesellschaft seiner Epoche kennzeichnen. Hugo hat sich im Laufe seiner langen Karriere gewandelt wie kein anderer zeitgenössischer Autor. Dies gilt für sein literarisches Schaffen ebenso wie für seine politischen Positionen. Seine Lebensgeschichte erscheint selbst wie ein ‹Roman›, den man mit all seinen ‹Verwicklungen› lesen muß, will man den Spannungsbogen seiner Wandlungen ermessen. Erst sehr spät – als Fünfzigjähriger – wird er zu jener Persönlichkeit, die in die Geschichte eingeht. Manchmal mag es anmuten, als inszeniere er seine Rolle auf der Bühne der Geschichte, eine Rolle, die ihm historisch recht geben wird, hinter der aber die Person selbst fast zu verschwinden scheint. *Mein Leben läßt sich in zwei Worten resümieren*, schreibt der Siebzigjährige, *solidarisch und einsam (solidaire et solitaire)*[1]. Er beherrscht die Kunst, viel über seine eigenen Gefühle und Anschauungen zu sagen, zugleich aber wenig über sich selbst. *Niemand kennt meinen Abgrund, nur ich selbst.*[2] Seine Gedichte, die von Persönlichem zu sprechen scheinen, sind so betrachtet eher poetische Fiktionen, und seine Tagebücher schreibt er im Bewußtsein, daß sie der Nachwelt gehören. Behagen ihm Tatsachen nicht, dann ändert er sie nachträglich, selbst wenn es sich um Äußerungen handelt, die er öffentlich gemacht hat, wohl wissend, daß Zeitgenossen und Nachgeborene seine Manipulationen durchschauen werden.

Je näher der Literaturgeschichtler dem Autor zu kommen meint, desto ferner rückt er ihm. Der Literaturhistoriker ist weder Psychoanalytiker noch Entwicklungspsychologe. Er wird es sich daher versagen, vorschnelle Hypothesen über die Persönlichkeit des Autors zu verbreiten. Jede Biographie ist eine Rekonstruktion aus der Rückschau und läuft daher Gefahr, Opfer einer optischen Illusion zu werden: die Chronologie eines Lebens suggeriert die Existenz einer Sinnstruktur, in der jede Wirkung ihre Ursache, jedes Ereignis seine logische Konsequenz zu haben scheint.

Eine Kindheit unter Helden und ihren Opfern (1802–1815)

Manchmal sieht es so aus, als wolle die Wirklichkeit die Klischees der Legende bestätigen. In Kriegszeiten, so heißt es, werden Söhne geboren, Victor-Marie Hugo kommt am 26. Februar 1802, dem siebten Tag des Monats Ventôse im zehnten Jahr der Republik als dritter Sohn des napoleonischen Offiziers Joseph-Léopold-Sigisbert Hugo und seiner Ehefrau Sophie-Françoise Trébuchet in der Garnisonstadt Besançon zur Welt. Eigentlich sollte es – den Wünschen der Eltern entsprechend – eine «Victorine» werden. So schwächlich erscheint der Säugling, daß ihm kaum Überlebenschancen eingeräumt werden.

Hubert Clerget: Hugos Geburtshaus in Besançon. Paris, Musée Victor Hugo

Der Vater
Léopold-Sigisbert.
Gemälde. Paris,
Musée Victor Hugo

Den Lebensrhythmus der Familie diktiert der Gang der politischen, genauer der militärischen Ereignisse, Siege und Niederlagen der Armee der jungen Repbulik und vor allem die Feldzüge Napoleons. Joseph-Léopold gehört jener neuen Elite an, deren Aufstieg mit dem Triumph der Revolution begonnen und die das Offizierskorps der Monarchie abgelöst hat. Er entstammte einfachen, kleinbürgerlichen Verhältnissen und nicht, wie sein Sohn Victor es eine Zeitlang glauben machen will, einer alten lothringischen Adelsfamilie.[3] Als Sohn eines Schreinermeisters, der mit dem Verkauf von Treibholz aus der Mosel ein kleines Vermögen erworben hat, 1773 in Nancy geboren, verläßt er mit fünfzehn Jahren die Schule, um in die königliche Armee einzutreten. Der Ausbruch der Revolution hat seine Entlassung zur Folge, doch schon 1791 steht er im Dienst des neuen Regimes, das ihm eine steile Karriere ermöglicht. 1792 zeichnet er sich als Hauptmann in der Rheinarmee aus. Er ist ein glühender Verfechter der neuen Ideen, Briefe und Dokumente zeichnet er nun als Brutus Hugo, dem Brauch der Revolution folgend, die sich die Geschichte Roms zum Vorbild ihres Kampfes gegen die Tyrannen nimmt. Im Jahr 1793 wird er in die Bretagne entsandt, um an der Niederschlagung der royalistischen Aufstände mitzuwirken. In keiner anderen Region Frankreichs findet ein so grausamer Kleinkrieg zwischen «Blauen» (Republikanern) und «Weißen» (Monarchisten) statt. Treue zum Königtum und zur katholischen Kirche treibt die Bauern zum Kampf, doch zugleich sind das wachsende Elend, Inflation und Hunger,

Die Mutter Sophie, geborene Trébuchet. Zeichnung, vermutlich von La Horie. Paris, Musée Victor Hugo

schließlich auch die Zwangsaushebungen der Zentralregierung Ursachen ihres Aufstandes. Brutus Hugo tritt der drohenden Wiederkehr des Ancien Régime mit aller Entschiedenheit entgegen, doch zugleich steht er in dem Ruf, Nachsicht und Milde walten zu lassen, wenn die Umstände es gebieten.

Auf einer seiner Patrouillen in den Wäldern um Châteaubriant begegnet er einer jungen Frau zu Pferde, die ihn durch ihre äußere Erscheinung, nicht zuletzt aber auch aufgrund ihres mutigen Auftretens beeindruckt. Denn sie muß sich dem Verdacht aussetzen, zu den Aufständischen zu gehören oder ihnen zumindest als Agentin zu dienen. Ihr Sohn Victor wird sie später zu einer «Vendéenne» machen, zu einer jener «Brigandes» (Räuberinnen), deren Mut und Loyalität gegenüber dem König als sprichwörtlich gelten. Die Wirklichkeit trägt wohl weniger heroische Züge. Sophie Trébuchet ist keine Partisanin, allenfalls – und dies kann nicht als außergewöhnlich angesehen werden – empfindet sie eine gewisse Sympathie für ihre aufständischen Landsleute. 1772 in Nantes geboren, entstammt auch sie einer kleinbürgerlichen Familie. Frühzeitig Vollwaise, wird sie von einer Tante im fortschrittlichen Geist der französischen Aufklärung erzogen. Die Familie scheint durchaus aufgeschlossen zu sein für die Ideale der neuen Zeit, und so erklärt es sich, daß der junge Offizier der Republik Zutritt zu ihrem Hause erhält. Einer Verbindung der jungen Leute steht man um so positiver gegenüber, als Joseph-Léopold Hugos Situation Hoffnungen auf eine glän-

Die Brüder Abel...

zende Karriere zuläßt. Doch als er 1796 zum Berichterstatter am Pariser Kriegsgericht ernannt wird, ist über die Zukunft der beiden noch keine Entscheidung gefallen.

Eines Tages im Herbst 1797 taucht *die kleine Sophie aus Châteaubriant* zusammen mit ihrem Bruder in Paris auf und erzwingt im November desselben Jahres die Eheschließung, eine reine Zivilehe im übrigen, denn, wie Victor Hugo später betonen wird, *die Braut legte kaum Wert auf den Segen eines Priesters und der Bräutigam schon gar nicht*[4]. Eine Liebesheirat? Zweifel sind angebracht, auf keinen Fall wird es eine glückliche Ehe sein. Dennoch lassen die Kinder nicht auf sich warten: Der erste Sohn, Abel, wird 1798 in Paris geboren, der zweite, Eugène, 1800 in Nancy.

Am 18. Brumaire des Jahres VIII (9. November 1799) hat Bonaparte mit einem Staatsstreich faktisch die Macht übernommen, auch wenn er sie zunächst noch als Erster Konsul mit anderen teilen muß, bevor er sich 1804 zum Kaiser krönt. Stabilisierung und Befriedung der inneren Verhältnisse lautet sein Programm, das heißt, die Revolution wird für beendet erklärt, und die Diktatur vereint sowohl das Besitzbürgertum als auch den anpassungsbereiten Teil des Adels, während das Volk mit der Hoffnung auf sozialen Aufstieg – vor allem in der Armee, in der Verwaltung und im Erziehungswesen – domestiziert wird. Doch die Befriedung gelingt nur nach innen. Seit Ludwig XIV. hat kein Monarch Frankreichs so zahlreiche Kriege geführt wie Napoleon, sei es nun mit dem Ziel, die

...und Eugène.
Paris, Musée Victor Hugo

Errungenschaften der Revolution in ganz Europa durchzusetzen, sei es mit der Absicht, den gesamten Kontinent der eigenen Herrschaft zu unterwerfen. In solchen Zeiten, da die tragenden Schichten der alten europäischen Mächte dem Zugriff Napoleons weichen müssen, bedarf es neuer politisch-militärischer Führungskräfte, auf deren Loyalität Verlaß ist. Zu ihnen zählt Joseph-Léopold Hugo, dessen Karriere damit bis zum Sturz Napoleons gesichert ist. Die Kehrseite dieses Aufstiegs ist die schwierige, konfliktreiche Situation seiner Familie, die für ihr Überleben eigene Strategien erfinden muß.

Besonders der kleine Victor scheint unter diesen Verhältnissen zu leiden. *Mit unseren siegreichen Truppen irrte ich durch das unterworfene Europa; durchstreifte die Erde noch früher als das Leben,* so wird er in den frühen zwanziger Jahren in der Ode *Meine Kindheit*[5] schreiben. Während die Mutter sich in Paris niederläßt, nimmt Joseph-Léopold seine Söhne mit nach Marseille, wo sie der Frau seiner Ordonnanz anvertraut werden. Doch spätestens Mitte des Jahres 1803 muß sich Sophie auf Drängen ihres Mannes dazu bereit erklären, ihrer Familie zu folgen. Sie trifft sie wieder auf Elba, wohin das Bataillon Joseph-Léopolds inzwischen verlegt worden ist. Doch ihr Entschluß steht wohl fest: Sie will mit ihren Söhnen nach Paris zurückkehren. Denn ihre Beziehung zu ihrem Mann ist schon jetzt zerstört. Er lebt mit einer gewissen Catherine Thomas zusammen, die er später heiraten wird. Und auch Sophie hat in Paris einen Geliebten namens Victor Lahorie, ein ehemaliger Kamerad Joseph-Léopolds, der sich wiederholt in Verschwörungen gegen Napoleon verstrickt, bei Sophie untertaucht und am Ende den Tod durch ein Erschießungskommando des Kaisers findet.

Auf die Zeit, da er mit der Mutter und den Brüdern in der Pariser Rue de Clichy gewohnt hat, scheinen die frühesten Erinnerungen Victors zurückzugehen. Er erinnert sich an das Haus, den Hof, den Brunnen und nicht zuletzt an die Tochter des Schulmeisters, bei dem er Unterricht erhält, Mademoiselle Rose, auf deren Bett er allmorgendlich Platz nimmt, um zu beobachten, wie sie ihre Strümpfe anzieht.[6]

Doch Ruhe findet die Familie in Paris nicht. Joseph-Léopold ist Napoleons Bruder Joseph nach Italien gefolgt, der den Auftrag hat, das Königreich Neapel einzunehmen. Hugo zeichnet sich im Kampf gegen die italienischen Freischärler aus, unter ihnen der berühmte Michele Pezza, genannt Fra Diavolo, und wird schließlich zum Gouverneur von Avellino sowie zum Oberst befördert. Wohl kaum aus Liebe, allenfalls aufgrund finanzieller Nöte reist Sophie mit ihren Söhnen nach Italien. Der kleine Victor – er ist fünf Jahre alt – wird sich Zeit seines Lebens an diese Reise erinnern, an ihre Freuden, aber auch an ihre Schrecken, an die Fahrt im Schlitten über den Mont-Cenis, an den Anblick von Leichen, Opfer des Krieges und des Standrechts. Die Familie wohnt in einem Marmorpalast, und die Jungen genießen diese Zeit wie lange Ferien. Doch die Wiederbegegnung der Eltern endet auch diesmal mit einem Fiasko. Im Frühjahr 1809 kehrt Sophie Hugo mit ihren Söhnen nach Paris zurück und läßt sich im ehemaligen Kloster der Feuillantinerinnen nieder, das in der Nähe des Val-de-Grâce gelegen ist. Die Jahre, die er hier verbringt, werden Victor immer als eine glückliche Idylle im Gedächtnis bleiben. Die Feuillantines sind eine Art ruhender Pol in der unsteten Existenz seiner frühen Jahre, mag er sie aus der Rückschau auch allzusehr idealisieren. *Drei Lehrmeister hatte ich, einen Garten, einen alten Priester und meine Mutter.*[7] Der Garten erscheint den drei Jungen – zu ihnen gesellt sich regelmäßig ein Mädchen aus einer befreundeten Familie, eine gewisse Adèle Foucher – wie unberührte Natur, in deren Geheimnisse sie eindringen, und das alte Kloster erlaubt Entdeckungen von Büchern, die ihnen bislang unbekannt geblieben sind, darunter auch die Bibel. Dem kleinen Victor gelingt es, seine Mutter davon abzubringen, ihn in die Schule zu schicken, er erhält als Privatlehrer einen ehemaligen Priester, der sein Interesse für die griechischen und lateinischen Klassiker weckt. Doch auch diese Idylle hat keinen Bestand. Sie wird im Jahr 1811 abgebrochen durch eine Spanienreise. Joseph Bonaparte hat nach der Abdankung des spanischen Monarchen, dem Willen des Kaisers entsprechend, die Königswürde übernommen. Joseph-Léopold ist inzwischen zum General aufgestiegen und wird zum Grafen von Sigüenza ernannt, doch Joseph Bonaparte macht zur Bedingung, daß sich die ganze Familie

Das ehemalige Kloster der Feuillantinerinnen, in dem Victor die glücklichsten Jahre seiner Kindheit verbringt. Paris, Musée Victor Hugo

in Spanien niederläßt. Sophie, nun Comtesse, willigt ein. Die Spanienreise und der Aufenthalt im Land werden zu einem weiteren prägenden Erlebnis für den heranwachsenden Victor. Über Bayonne und Irún, wo man sich aus Sicherheitsgründen einem bewaffneten Konvoi anschließt, geht die Fahrt über Ernani, Vitoria und Burgos in Richtung Madrid. Den kleinen Victor muß das Land zutiefst beeindruckt haben. Die Schluchten der Pyrenäen und die kahlen Hochplateaus Kastiliens erscheinen ihm wie Landschaften aus Abenteuerromanen. Burgen und Kathedralen erregen sein Interesse. Doch nicht allein der exotische Charakter des Landes fasziniert ihn, sondern auch die heroische Vergangenheit Spaniens, repräsentiert etwa durch die legendäre Gestalt des Cid, des Protagonisten im Befreiungskampf gegen die Mauren, dessen Grab in der Nähe von Burgos er besucht.

In Madrid erwartet die Reisenden eine erste Enttäuschung: Joseph-Léopold, Gouverneur dreier Provinzen, residiert nicht in der Metropole, hat vielmehr seinen Regierungssitz in Segovia. Der junge Victor erahnt, worin vor allem die Aufgabe seines Vaters besteht: Er hat die Aufstände der spanischen Patrioten mit allen ihm zu Gebote stehenden Mitteln zu unterdrücken. In keinem anderen europäischen Land ist die napoleonische Herrschaft auf so entschiedenen Widerstand gestoßen wie in Spanien. «Napoladrón» (ladrón = Räuber) nennt man hier ironisch Bonaparte. Vorstellbar ist, wie ambivalent die Gefühle des Neunjährigen sind.

Soll er seinen Vater bewundern als Helden und Eroberer, oder muß er ihn verachten, weil er ein Schlächter und Unterdrücker ist? Fast sieht es so aus, als richte er die Haßgefühle, die eigentlich seinem Vater gelten, auf jene ferne, nicht greifbare Gestalt Napoleons. Unverkennbar ist aber seine Liebe zu Spanien, mit dessen Freiheitskampf sich schon der Junge identifiziert, dessen Sprache er erlernt und dessen Geschichte ein unerschöpfliches Reservoir für sein späteres literarisches Werk sein wird.

Will man die widersprüchlichen Gefühle Victors verstehen, so ist vor allem auch daran zu erinnern, daß der Spanienaufenthalt keineswegs zur Wiedervereinigung der Familie führt. Die Rolle der Ehefrau spielt in der Öffentlichkeit die Geliebte des Generals, und Joseph-Léopold hat die Absicht, sich von Sophie zu trennen, die drei Söhne aber unter seine Erziehungsgewalt zu bringen. Abel, der älteste, wird zu den königlichen Pagen geschickt, Eugène und Victor kommen ins Adelskolleg des Klosters San Antonio Abad. Ohne die Mutter in Spanien zu bleiben muß besonders Victor wie ein Alptraum erschienen sein, denn auf sie ist er angesichts der ständigen Abwesenheit des Vaters fixiert. Und so wird, was als Tragödie enden könnte, mit einem Kompromiß gelöst. Abel bleibt in Spanien, während Eugène und Victor mit der Mutter nach Paris zurückkehren. Was sie auf der Rückreise zu Gesicht bekommen, bestätigt und verschärft noch einmal jene Eindrücke, die sich ihnen längst eingeprägt haben: Das Land ist Opfer einer wahnwitzigen Unterdrückung durch die französischen Invasionstruppen, einer Repression, die dem verzweifelten und entschlossenen Widerstand der Spanier nur noch zusätzliche Nahrung gibt.

In ihrem Pariser Wohnsitz, dem Feuillantinerinnen-Kloster, scheint alles wie zuvor zu sein. Madame Hugo kann nach wie vor auf einen Privatlehrer zählen, sie schickt die Söhne nicht, wie von ihrem Mann gefordert, ins Lycée Napoléon. Unter ihrer Anleitung entdecken die Jungen die großen Autoren des 18. Jahrhunderts, eine durchaus gefährliche und dem Alter nicht angemessene Lektüre, so die damalige Beurteilung. Der Erziehungsstil Sophie Hugos ist eine Mischung aus autoritären und liberalen Elementen. Als starke Persönlichkeit bestimmt sie die Richtung, die von den Söhnen akzeptiert wird, zugleich ist sie jedoch, was die Inhalte der Erziehung anbetrifft, den Idealen der Aufklärung verpflichtet. Politisch wird sie zu einer entschiedenen Gegnerin des napoleonischen Regimes.

Inzwischen ist die Lage der französischen Besatzer in Spanien unhaltbar geworden. 1813 muß Joseph Bonaparte nach Frankreich zurückkehren, in seinem Gefolge Joseph-Léopold Hugo. Bald werden die Armeen der Alliierten französischen Boden besetzen, der Zusammenbruch des Kaiserreiches steht bevor, und damit droht auch der Karriere des Generals Hugo ein rasches Ende.

Victor als Heranwachsender. Paris, Musée Victor Hugo

Die Kindheitsidylle der Feuillantines gehört nun endgültig der Vergangenheit an, eine schmerzliche Erfahrung für den heranwachsenden Victor auch deswegen, weil zwischen ihm und der kleinen Adèle Foucher eine zärtliche Beziehung entstanden ist. Die *vertes Feuillantines* werden sich in seiner Erinnerung immer auf *amours enfantines* reimen. Der kaum noch aufzulösende familiäre Konflikt und die zeithistorischen Umstände beenden Hugos Kindheit. Eine neuerliche Ehekrise führt zum Prozeß, und noch bevor über die endgültige Trennung eine Entscheidung gefallen ist, werden die Söhne der Autorität des Vaters unterstellt. Dieser schickt die beiden jüngeren ins Internat der Pension Cordier, in dem sie von 1815 bis 1818 unterrichtet und erzogen werden.

Blickt man auf die Jahre bis 1815 zurück, die für die Entwicklung Victor Hugos besonders prägend waren, so wird man sie kaum unter dem Titel «Eine glückliche Kindheit» zusammenfassen können. Der früh einsetzende und nie endende Konflikt der Eltern, die beide – auf unterschiedliche Weise – die Söhne als ihren Besitz reklamierten, konnte nur insofern gelöst werden, als der Vater weitestgehend aus der Erziehung verschwand, zugleich aber als fernes Bild gegenwärtig blieb. Die starke Mutterbindung war insbesondere bei Victor begleitet von ständiger Verlustangst *(von allen verlassen – außer meiner Mutter)*. Die Beziehung zum abwesenden Vater blieb durch Ambivalenz gekennzeichnet, Haß einerseits und Sehnsucht andererseits. Vielleicht ist dem Psychoanalytiker Charles Baudouin zuzustimmen, wenn er betont, Hugo habe das Bild des idealen Vaters zunächst auf seinen Patenonkel Lahorie und später auf François René de Chateaubriand projiziert. Die Beziehung zu seinem leiblichen Vater bleibt zwiespältig, erst nach dem Tod der Mutter wird sie sich entspannen.

Gleichwohl hat schon der heranwachsende Hugo gelernt, Konflikte auszuhalten und aufzulösen. Zeit seines Lebens wird er die Fähigkeit besitzen, sich an immer neue Bedingungen anzupassen und Niederlagen in Siege zu verwandeln.

Ein frühreifes Genie im Dienst der Restauration (1815–1830)

Je veux être Chateaubriand ou rien [Ich will Chateaubriand sein oder nichts]: Diesen Satz soll der vierzehnjährige Victor Hugo 1816 in sein Schulheft der Pension Cordier geschrieben haben.[8] Gewiß darf eine solche Bemerkung als Dokument eines frühen Bewußtseins des einzuschlagenden Weges gewertet werden, als Ausdruck eines jungen Talents, dem die Karriere eines erfolgreichen Autors als Ideal vorschwebt, zugleich enthält sie jedoch schon eine literarische und politisch-ideologische Option. Chateaubriand zählt – neben Germaine de Staël – zu den großen

François René de Chateaubriand, der Frühromantiker, Hugos großes Vorbild. Porträt von Anne Louis Girodet-Trioson. Musée de Versailles

Repräsentanten der frühromantischen Bewegung in Frankreich. Gegen das aufklärerische Denken des 18. Jahrhunderts hat er in seinem 1802 erschienenen epochalen Werk «Le génie du christianisme» («Der Geist des Christentums») die christlich-katholische Tradition als eine Geschichte der Schönheit und des Gefühls rehabilitiert. Die Ästhetisierung und die Emotionalisierung der Religion findet nicht nur in Kreisen der Gebildeten eine erstaunliche Resonanz, sie ebnet auch den nach Neuerungen suchenden Literaten und Künstlern bislang unbeschrittene Wege, die ihnen die noch immer dominierende klassizistische Tradition verschließt. Gefühle der Trauer um das Verlorene, das heißt das durch die Zerstörung der alten Ordnung Verlorene, gesellschaftliche Isolation und Nutzlosigkeit («le vague à l'âme»), Sehnsucht nach dem «ailleurs», den exotischen Fernen scheinbar unberührter «wilder» Kulturen, die durch die europäische Zivilisation zerstört wurden: All dies sind Motive und Themen Chateaubriands, die sich als Symptome historischer Grunderfahrungen einer durch die Revolution und deren Folgen orientierungslos gewordenen Generation Leitmotiven gleich durch die Literatur der Frühromantik ziehen. Allein die Unterwerfung unter die Normen der Offenbarungsreligion erlaubt dem Individuum die Lösung seiner Konflikte, dies ist die Botschaft Chateaubriands. Aber auch politisch ist dieser Autor eine Symbolfigur. Wurde er zunächst als bretonischer Aristokrat Opfer der sich radikalisierenden Revolution, so befürwortet er schließlich das Bündnis zwischen anpassungsbereitem Adel und der neuen napoleonischen Machtelite, trennt sich jedoch von «Buonaparte», als deutlich wird, daß der Korse auf ein autokratisches Regime zusteuert, das den alten Adel letztlich überflüssig macht. Nach dem Sturz des Kaisers ist er Befürworter einer gemäßigten Restauration, das heißt einer durch die Verfassung gebundenen konstitutionellen Monarchie.

Gewiß wird man nicht unterstellen dürfen, daß dem vierzehnjährigen Hugo all diese Aspekte der Persönlichkeit seines großen Vorbildes bewußt sind. Immerhin begreift er sehr schnell, welche Ideen er vertreten und welche er verwerfen muß, wenn er seinen Weg gehen und sich durchsetzen will. Kaum zu entscheiden ist dabei, wo die Grenze zwischen Opportunismus und Überzeugung liegt. Aus der Mode sind nun die Ideale der Aufklärung und der Revolution, «in» ist das Bekenntnis zur christlichen Tradition und zur Monarchie der Restauration. Seine Mutter, die frühzeitig gegen den Willen des Vaters seine literarischen Ambitionen mit Wohlwollen begleitet, ist über seine literarischen und ideologischen Präferenzen wohl eher befremdet, auch wenn sie das Ende der napoleonischen Herrschaft begrüßt.

Der Vater möchte Victor Hugo, da er eine gewisse Begabung für naturwissenschaftliche Fächer erkennen läßt, auf die École Polytechnique schicken, jene von Napoleon gegründete Elitehochschule, die vor allem der Ausbildung des Offizierskorps dient. Victor setzt sich im Einvernehmen mit seiner Mutter durch: Er schreibt sich an der juristischen Fakultät ein. Sein Interesse gilt jedoch der Literatur.

Schon als Junge soll er – in der Idylle des Feuillantinerinnen-Klosters – Verse verfaßt haben. Gedichte schreibt er dann während der Jahre, die er in der Pension Cordier verbringt, dazu ein Melodram und eine Komische Oper sowie Übersetzungen lateinischer Autoren. Erhalten geblieben ist teilweise die Tragödie *Irtamène* (1816), die in altägyptischer Verkleidung den Sturz Napoleons und die Inthronisierung Ludwigs XVIII. feiert. Sie schließt mit dem Vers *Wenn man die Tyrannen haßt, muß man die Könige lieben*[9].

Zum erstenmal an die Öffentlichkeit tritt Hugo mit einem längeren Gedicht, das er 1817 für den Lyrikwettbewerb der Académie Française einreicht. Es hat zum Thema: *Das Glück, das das Studium in allen Situationen des Lebens verschafft.* Der Text Hugos bewegt sich ganz und gar im einmal vorgegebenen thematischen Rahmen, überbietet gar noch die Erwartungen der Jury. Als Beispiel für jene, die das Studium auch in ausweglosen Situationen getröstet hat, führt er den eingekerkerten König Ludwig XVI. und den Kronprinzen Ludwig XVII. an, beide *Opfer von Henkern, die Frankreich verabscheut und umgeben von hundert finsteren Monstern.* Recht altklug heißt es am Ende: *Nein, mein Herz ist nicht geschaffen für frivole Ehrungen, der verführten Sterblichen vergängliche Idole.*[10]

Um die Bewertung dieses Textes durch die Akademie hat sich später eine Legende gebildet, die zuerst von Edmond Biré als Mystifikation enthüllt worden ist.[11] Die Mitglieder der Akademie, von dem Gedicht begeistert, hätten ihm gern den Ersten Preis zuerkannt, wären sie nicht der Meinung gewesen, sie seien Opfer einer Täuschung, denn ein solches Kunstwerk könne doch kaum von einem Fünfzehnjährigen verfaßt worden sein. Man müsse es daher bei einer «lobenden Erwähnung» belassen. In Wirklichkeit hat wohl nie die Prämierung des Gedichts zur Diskussion gestanden, es wurde auf den neunten Platz gesetzt.

Eher als die immer konservative Académie Française steht die Akademie der Blumenspiele von Toulouse in dem Ruf, junge Talente zu fördern. Sie beruft sich auf die alte Tradition der Troubadourlyrik, vergibt symbolische Blumen in Gold und Silber als Preise und veranstaltet Dichterkrönungen in musikalischem Rahmen. Dorthin wenden sich Eugène und Victor Hugo in der Hoffnung auf erste Lorbeeren. 1818 wird ein Gedicht von Eugène prämiert, ein Jahr später erhält Victor Preise für seine Oden *Die Jungfrauen von Verdun* und *Die Wiederherstellung der Statue Heinrichs IV.* 1820 wird er zum Meister der Blumenspiele gekürt für sein Gedicht *Moses auf dem Nil.* Zwar darf er von nun an nicht mehr am Wettbewerb teilnehmen, doch er hat bereits Beziehungen geknüpft, die für seinen weiteren Werdegang von Bedeutung sind. Zu seinen Förderern zählt nun u. a. Alexandre Soumet, einer der wichtigsten Vermittler zwischen klassizistischer Tradition und romantischer Erneuerungsbewegung.

Der junge Hugo versteht es, in der Pariser Literaturszene auf sich aufmerksam zu machen. Nachdem Chateaubriand im Juli 1819 in seiner Zeitschrift «Le Conservateur» einen apologetischen Artikel über die Aufstände der Vendée veröffentlicht hat, antwortet Hugo mit einer Ode, in der die Aufständischen als Märtyrer im Kampf gegen die Tyrannei glorifiziert werden. Das Gedicht, Chateaubriand gewidmet, hat großen Erfolg im politischen und literarischen Milieu der Restauration. Doch Hugo weiß, daß die Publikation von Gedichten allein noch keine Position in der Öffentlichkeit sichern kann. So gründet er im Dezember 1819 zusammen mit seinem Bruder Abel eine literarische Zeitschrift, deren Name, *Le Conservateur littéraire*, sich an Chateaubriands Publikationsorgan anlehnt und wie ein Programm anmutet. Victor erlernt hier das Handwerk der journalistischen Literaturkritik, die in den folgenden Jahrzehnten von immer größerer Bedeutung für die Durchsetzung ästhetischer Konzeptionen sein wird. Hugo fühlt sich als Schüler Chateaubriands, dies ist unverkennbar, und er schätzt die Einheit von Religiosität und Naturempfinden, wie sie in Alphonse de Lamartines «Méditations poétiques» (1820) zum Ausdruck kommt, aber er weiß sich auch den Lyrikern des späten 18. Jahrhunderts verpflichtet, insbesondere André Chénier, dem «Romantiker unter den Klassikern». Eine klare Option für die romantische Erneuerungsbewegung ist indessen noch nicht auszumachen. In einem Punkt allerdings kann es keinen Zweifel geben: Hugo versteht sich als Sänger der Restauration und verwirft alle Autoren, die diesem Vorhaben im Wege stehen. 1821 wird er Mitglied der Société des Bonnes Lettres, deren erklärtes Ziel es ist, «alle Musen zu Royalisten zu machen».

Insbesondere Hugos Oden sind dazu angetan, ein solches Ziel zu verwirklichen. Zu diesem Genre zählten schon die für die beiden Wettbewerbe in Toulouse eingereichten Gedichte. 1820/21 setzt er die Serie fort mit Texten wie *Auf den Tod des Herzogs von Berry*, *Die Geburt des Herzogs von Bordeaux* und *Die Taufe des Herzogs von Bordeaux*. Sie alle glorifizieren das Leiden der königlichen Familie in den Wirren der Revolution und des Empire oder verkünden die Hoffnung auf eine bessere Zukunft, deren Garanten allein die Bourbonen sein sollen.

Vor allem die Ode auf Ludwig XVII., den Dauphin, der auf der Guillotine endete, soll den König Ludwig XVIII. zutiefst gerührt haben. Andere Texte feiern das Martyrium all jener Franzosen, die sich der revolutionären Tyrannei entgegengestellt haben. Napoleon ist Inbegriff des Usurpators, der das Volk geblendet hat. Als Buch werden die Gedichte zum erstenmal 1822 publiziert unter dem Titel *Odes et poésies diverses*. Im Vorwort betont der Autor, die Geschichte der Menschen sei nur Stoff für Poesie, wenn sie aus der Höhe der monarchistischen Ideen und der religiösen Überzeugungen beurteilt werde. Eine Sammlung also systemkonformer Gelegenheitsdichtungen? Sieht man sich die Texte genauer an, so wird man zu einer differenzierteren Wertung kommen. Zum einen hat Hugo die großen historisch-politischen Oden mit Gedichten kombiniert, die privat-intimen Charakter tragen, und mit solchen, die eher als Idyllen und Elegien zu bezeichnen sind. Sie bilden gleichsam den emotionalen Kontrapunkt zum feierlichen Gestus der offiziellen Texte. Doch selbst wenn man die letzteren isoliert betrachtet, läßt sich erkennen, wie weit sie sich von der traditionellen Form der heroischen Ode entfernt haben. Nicht die glanzvollen Herrscher der französischen Geschichte sind das Thema, sondern die leidenden, in ihrer individuellen Existenz bedrohten Monarchen oder aber solche, die – wie Heinrich IV. – durch ihre ausgleichende Politik dem Volk Frieden und Wohlstand gebracht haben. Die Monarchie ist keine Via triumphalis mehr, vielmehr eine äußerst fragile Herrschaftsform, die jederzeit unter dem Druck des Volkes zerbrechen kann. Durchaus nicht der Tradition der Gattung entspricht vor allem die Rolle, die der Dichter sich selbst zuschreibt. Er ist nicht nur derjenige, der feiert und heroisiert, sondern gleichsam das Organ der kollektiven Erinnerung, ein Mahner und Visionär, verwandt den Propheten und Apokalyptikern der biblischen Tradition. Zudem verdeckt die religiöse Sprache nur schlecht die aufklärerische Tradition: Es ist der «Philosoph», der hier unter veränderten Bedingungen wiederkehrt, der Repräsentant einer öffentlichen Instanz, die die Herrschenden vor den Richterstuhl der Vernunft und der Menschenrechte zitiert.

Freilich werden diese Zwischen- und Untertöne von den Zeitgenossen nicht wahrgenommen. Und mögen die *Odes* im Jahr 1822 bei weitem nicht jenen Erfolg haben, der zwei Jahre zuvor den «Méditations poétiques» von Lamartine beschieden war, so ist Hugos Bedeutung als eines führenden Literaten der Epoche schon nahezu unumstritten. Chateaubriand scheint von ihm so begeistert, daß er den jungen Autor als «enfant sublime» tituliert (was er später jedoch bestreiten wird), und für Soumet «hat dieses Kind einen sehr bemerkenswerten Kopf»[12]. Selbst von höchster Stelle blickt man mit Wohlwollen auf ihn, der König subskribiert Hugos Werke für die eigene Bibliothek, versieht sein Exemplar der Oden mit Randnotizen und gewährt ihm schließlich eine jährliche Pension von 1000 Francs aus seiner Privatschatulle. Mit dieser Summe, zuzüglich der anfallenden Tantiemen für seine ersten Publikationen, steht Hugo zum erstenmal finanziell auf eigenen Füßen.

Die so erworbene materielle Unabhängigkeit erlaubt es ihm auch, seine privaten Verhältnisse zu ordnen. Seit den Kindertagen empfindet

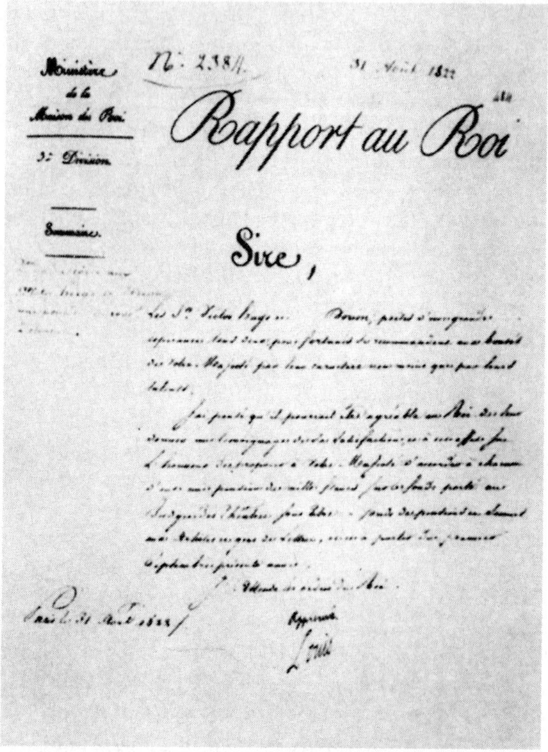

Rapport au Roi

Sire,

König Ludwig XVIII. befürwortet den Vorschlag seines Ministers, Hugo eine Pension zu gewähren.

er eine tiefe Zuneigung zu Adèle Foucher, Tochter jener Familie, deren Wege sich immer wieder mit denen der Hugos kreuzen. Am Ende der Adoleszenz ist aus dieser Zuneigung Liebe geworden. *Die zarte Neigung wurde unbezähmbare Flamme* heißt es in Hugos Gedicht *A toi*. Und sie wird von Adèle geteilt, die den Aufstieg des jungen Genies mit Bewunderung verfolgt, sich aber zurückhält, wenn er sie zur Richterin über seine Dichtung machen will. Während die Gefühle der Liebenden auf eine dauerhafte Beziehung zusteuern, die sie durch ein geheimes Verlöbnis besiegeln, versagen die Familien die Zustimmung zu einer baldigen Eheschließung. Die Fouchers, royalistisch und konservativ-katholisch gesinnt, sehen in der Dichterexistenz des jungen Victor ganz offensichtlich kein seriöses Metier. Vor allem aber seine Mutter sperrt sich gegen die Verbindung, und auch von seinem Vater darf er keine Unterstützung

Trotz mancher Widrigkeiten eine glückliche Beziehung: Victor Hugo …

… und Adèle Foucher als Verlobte, 1820. Zeichnungen von Adèle Foucher. Paris, Musée Victor Hugo

erwarten. Die Briefe an die Verlobte, geschrieben zwischen Januar 1820 und Oktober 1822, sind ein pathetisches Dokument seines Werbens um Adèle, deren Zuneigung ihm um so wichtiger wird, je mehr der Widerstand der Familien wächst. Fast ein Jahr findet keine Begegnung zwischen ihnen statt, und Adèle begreift, daß Victor unfähig ist, sich gegen seine Mutter durchzusetzen. Der scheinbar ausweglose Konflikt erfährt mit dem plötzlichen Tod Sophie Hugos im Juni 1821 seine Lösung. Erst jetzt wagt es Victor, die offizielle Werbung um Adèle wiederaufzunehmen. Nach anfänglichem Zögern willigt die Familie Foucher in die Eheschließung ein, die am 12. Oktober 1822 in der Marienkapelle von Saint-Sulpice vollzogen wird. Doch die Hochzeitsfeier bleibt nicht ungetrübt: Victors Bruder Eugène zeigt erste Symptome eines beginnenden Wahnsinns. Am Tag danach muß er in ein Sanatorium eingeliefert werden, wo er 1837 stirbt. Flüchtet er in die Psychose, weil er nicht mehr fähig ist, seine Konflikte zu lösen? Ganz offensichtlich empfindet er sich als eine Art Opfer seines jüngeren Bruders, dessen Aufstieg als Dichter seine eigene literarische Karriere zunichte macht und der ihm zudem auch noch die Frau weggenommen hat, in die er selbst verliebt ist. Die verborgene Rivalität der beiden ist wohl nie offen eingestanden und ausgetragen worden.

So beginnt unter tragischen Begleiterscheinungen eine Ehe, die zumindest für ein Jahrzehnt eine glückliche Verbindung sein wird. Fünf Kinder gehen zwischen 1823 und 1830 aus ihr hervor: der bald verstorbene Léopold (1823), Léopoldine (1824), Charles (1826), François-Victor (1828) und Adèle (1830). Ein ‹normales› Familienleben ist für Hugo die Voraussetzung einer erfolgreichen literarischen Tätigkeit. Nein, dieser Dichter entspricht keineswegs dem Bild, welches man sich so gern von einem jungen romantischen Genie macht, das abseits der ausgetretenen Wege das Bestehende herausfordert und selbst zum einsamen Helden wird. Was Hugo auszeichnet, ist ganz unverkennbar ein nüchterner Sinn für die Realität und die Fähigkeit, Chancen, die sich ihm bieten, konsequent zu nutzen. Doch zeigt nicht zugleich das Schicksal seines Bruders, wie nahe Erfolg und Scheitern beieinanderliegen? Vieles von dem, was bei Victor Hugo zunächst an der Oberfläche glatt und harmonisch erscheint, läßt Risse und Brüche erkennen, dies gilt für seine private ebenso wie für seine öffentliche Existenz und im gleichen Maße auch für sein literarisches Schaffen.

Eine schöne Demonstration solcher Ambivalenz ist Hugos erster Roman *Han d'Islande* (*Han von Island*, 1823), ein Schauerroman in der Tradition der Engländer. Die Handlung, die politische und Liebesintrigen miteinander verknüpft, spielt um 1700 in Norwegen. Bemerkenswert ist vor allem die Titelfigur selbst, ein menschenfressendes Ungeheuer, das, begleitet von einem Bären, überall Entsetzen und Panik verbreitet. Die

Die Kinder Léopoldine, Charles, Victor und Adèle, gezeichnet von Adèle Hugo, 1833. Paris, Musée Victor Hugo

Kritik reagiert unterschiedlich auf dieses Werk. Während die konservative Presse – etwa Charles Nodier in «La Quotidienne» – den Roman als eine würdige Fortsetzung der Tradition des «roman noir» lobt, geht der liberal gesinnte «Mercure du dix-neuvième siècle» mit dem Autor unnachsichtig ins Gericht: «Die Metaphysiker behaupten, das Genie sei dem Wahnsinn nahe. Wenn dies stimmt, dann ist der Autor von *Han d'Islande* vom Genie nicht sehr weit entfernt.»[13] In der Tat läßt der Roman wenig Originalität erkennen, und deutlich ist, daß Hugo hier eine modische Gattung geradezu bis ins Groteske ausreizt. Andererseits jedoch hat der Autor mit der Figur des Han zum erstenmal menschliche Naturgewalt in der Form des Monströs-Grotesken gestaltet, die von der bestehenden gesellschaftlichen Ordnung nicht domestiziert worden ist. Bezeichnenderweise verbündet sich Han mit den Gegnern des Monarchen und zugleich mit streikenden und revoltierenden Bergarbeitern. So gesehen enthüllt der Roman verborgene und verdrängte Ängste nicht nur des Autors, sondern all derjenigen, die die Ordnung der Restauration tragen, zugleich aber wissen, wie sehr sie in ihrem Bestand bedroht ist.

Doch Hugo bleibt nach wie vor eine der ideologischen Stützen der Restauration. Im Februar 1823 gewährt ihm der König eine zusätzliche jährliche Pension von 2000 Francs. Seine finanzielle Situation hat sich nun so weit stabilisiert, daß er das Haus seines Schwiegervaters verlassen kann, um mit seiner Familie eine Wohnung in der Rue de Vaugirard zu beziehen.

Um die literarisch-ideologische Position der Katholiken und Legitimisten gegen die Liberalen besser zur Geltung zu bringen, beteiligt sich Hugo 1823 an der Gründung von «La Muse française», einer Monatsschrift, die allerdings nur ein Jahr lang bestehen wird. Neben Alfred de Vigny, Nodier und Soumet zählt er zu den wichtigsten Autoren. Doch auch hier wird man eine eindeutige Parteinahme für die romantische Erneuerungsbewegung vergeblich suchen. Dies verhindern die Karrierestrategien einiger Mitarbeiter wie etwa Soumet, der sich um einen Sitz in der Akademie bewirbt und daher die «Unsterblichen» nicht provozieren möchte, stehen diese doch allen Neuerungen skeptisch und zögerlich gegenüber. Indessen liegen die wirklichen Gründe für die Schwierigkeiten, eine romantische Konzeption zu begründen und zu vertreten, wohl sehr viel tiefer. Die Gruppe, die sich ab 1824 um Nodier bildet, sieht sich heftigen Angriffen von seiten der Liberalen ausgesetzt. Stendhal etwa distanziert sich von jenem «deutschen Gefasel, das viele Leute romantisch nennen», und macht sich lustig über «jene jungen Leute, die [...] wohlgenährt und mit Staatsrenten versehen nicht aufhören, das Elend des Menschen und die Freuden des Todes zu besingen».[14] Stendhal benutzt daher lieber nach italienischem und englischem Vorbild den Terminus «romanticisme». Er zählt zu jenen Liberalen, die nicht verstehen können, daß sich die jungen Autoren einem Regime verschreiben, dem keine Zukunft mehr gehört. Sie sind der Ansicht, daß endlich auch in der Literatur ein 14. Juli stattfinden muß, das heißt ein Sturm auf die Bastille des Ancien Régime, das immer noch die Schönen Künste beherrscht. Wie kann es angehen – so ihr Argument –, daß eine Gesellschaft, die durch die Revolution so radikal verändert worden ist, immer noch eine Literatur akzeptiert, die die in ihre Funktionen wiedereingesetzte Aristokratie glorifiziert und die Ideale einer in ihrem Kern feudalen Ordnung poetisch verklärt? Ist es purer Opportunismus, daß die Konservativen wie Hugo und Nodier den entscheidenden Schritt nicht zu tun wagen? Oder vielleicht Loyalität gegenüber einem Regime, dem sie ihren Aufstieg verdanken? Einlassen will man sich zunächst lediglich auf eine Konzeption, die schon von Madame de Staël vertreten worden ist: als klassisch gilt die Literatur, die aus dem Paganismus und der Antike hervorgegangen ist, als romantisch soll jene Literatur gelten, die ihre Entstehung dem Mittelalter und dem Christentum verdankt. Für die Liberalen ist eine solche Position nur insofern akzeptabel, als sie den historischen Wandel auch zum Grundprinzip der literarischen Entwicklung macht. Hugo akzeptiert seinerseits im Vorwort zur Ausgabe der *Odes* von 1824 den Gedanken, daß *jede Literatur mehr oder weniger tief geprägt ist von den Sitten und der Geschichte des Volkes, dessen Ausdruck sie ist.* Und er fährt fort: *Es gibt also so viele verschiedene Literaturen, wie es unterschiedliche Gesellschaften gibt.*[15] Doch gerade mit dieser These verteidigt er die regimekonforme Literatur der Restauration gegen die Literatur der Revolutionsepoche. Eine solche Sichtweise ist dazu angetan, die Kluft zu den Liberalen eher zu vertiefen, als sie zu überwinden. Einzig die Betonung der Wörter «Freiheit» und «Bürger» («citoyens») läßt aufhorchen.

Sehr langsam und zögerlich, schließlich aber doch unübersehbar deutet sich ein Wandel der Position Hugos an. 1825 erhält er den Auftrag, aus Anlaß der Krönung Karls X. eine Ode zu verfassen. Er begibt sich nach Reims, um im *Schatten der Kathedrale* sein Gedicht zu schreiben, das mit seinem Pomp und Pathos den Erwartungen des neuen Königs entspricht. Hugo wird zum Ritter der Ehrenlegion berufen, erreicht für seinen Vater die Ernennung zum Generalmajor, darf dem König sein Werk vortragen, das in einer Luxusausgabe von der königlichen Druckerei publiziert wird. Sieht man sich die Ode genauer an, so ist festzustellen, daß sie nur formal und rhetorisch den offiziellen Erwartungen entspricht. Es handelt sich um eine reine Gelegenheitsdichtung, eine Art Stilübung. Der Autor ist mit seinem Herzen nicht mehr dabei. Karl X., dessen Politik autoritär und reaktionär sein wird, vermag die Dichter kaum noch zu inspirieren. Dies bekundet auch Lamartines Ode, die ebenfalls aus Anlaß der Krönung verfaßt wurde.

In dem Maße, wie die Repräsentanten der Restauration als ‹poetisierbare Gestalten› verschwinden, taucht eine andere Figur auf: Napoleon. An diesem Punkt verbinden sich bei Hugo politisch-ideologische Wandlungen mit privat-familiären Veränderungen. Ab 1825 entsteht erstmals eine entspannte und versöhnte Beziehung zu seinem Vater. Die Gedichte *An meinen Vater* und *Meine Kindheit* lesen sich wie eine Aufarbeitung seiner Lebensgeschichte. Er ist nun in der Lage, das Erbe seines Vaters anzunehmen und zu würdigen und zugleich seine eigene Entscheidung für die Dichterexistenz zu rechtfertigen als eine Verwirklichung dessen, was auch sein Vater wollte, allerdings mit den Mitteln der *Lyra* und nicht des *Schwertes*.

Wenn die Hypothese zutrifft, daß er seine Aggressionen gegenüber seinem Vater imaginär auf Napoleon gerichtet hat, so entfällt nun auch diese Motivation. Allerdings wird man hier nicht allein psychologisch, sondern auch politisch argumentieren müssen. Oden wie *Die beiden Inseln* (1825) und *An die Säule auf der Place Vendôme* (1827) lassen eine ganz neue Sicht Napoleons erkennen. Er ist nun nicht mehr der Tyrann und Usurpator, sondern die tragische Inkarnation nationaler Größe und ihres Niedergangs. Gleichsam zerrissen zwischen den beiden Inseln, deren eine seinen Aufstieg ankündigt, während die andere seinen Untergang markiert, wird Napoleon zum Inbegriff des Genies selbst und seiner unvergänglichen «gloire».

Dergleichen Texte sind dazu angetan, auch Sympathien auf seiten der Liberalen zu wecken, denn sie sind in der Regel – wie etwa Stendhal – Bewunderer des großen Korsen. Es kann daher nicht erstaunen, daß sich das Verhältnis Hugos zu ihnen fühlbar entspannt. Ihr Organ ist nun «Le Globe», der nach kurzlebigen klassizistischen Anfängen dezidiert für die Romantik Partei ergreift. Als 1826 Hugos Gedichtband *Odes et ballades* erscheint, publiziert die Zeitschrift eine wohlwollende Rezension aus der Feder von Charles Augustin Sainte-Beuve. Zwischen dem Kritiker und der Familie Hugo entsteht bald eine freundschaftliche Beziehung, die in den dreißiger Jahren tragische Konsequenzen haben wird.

Nicht nur eine Reihe von Oden der Ausgabe von 1826, sondern auch die Balladen sind geeignet, Hugo in den Augen der Liberalen zu rehabilitieren, selbst wenn die Texte noch keinen offenen Bruch mit den Konservativen signalisieren. Gegenstand der Balladen sind vorzugsweise historische Themen, die den volkstümlichen Traditionen entstammen. Dies entspricht durchaus der Konzeption der Redakteure von «Le Globe», die in den historischen Sujets einen Ausdruck nationaler Geschichte und Identität sehen. So kann es nicht verwundern, daß ein Autor in der Zeitschrift erklärt: «Hugo ist in der Dichtung, was Delacroix in der Malerei ist.»[16] Die endgültige Ausgabe der *Odes et ballades* wird dann ein Vorwort haben, das auch den Vorstellungen der Liberalen entspricht. Der Autor betont das Fortschreiten der Freiheit, das sich in den Texten manifestiere, und er verweist auf die *progressive Bewegung des menschlichen Denkens*, der nun die ganze Aufmerksamkeit der Kritiker zu gelten habe.

Ein weiteres höchst interessantes Dokument des allmählichen Wandels Hugos ist eine Erzählung, die er im Februar 1826 publiziert. *Bug Jargal (Die schwarze Fahne)* geht auf einen Text zurück, den der Autor schon 1818 geschrieben hat, nun aber von Grund auf verändert. Er thematisiert eine Episode der jüngeren Geschichte Frankreichs, die noch zur Zeit der Restauration nahezu tabuiert ist. Es handelt sich um den Befreiungskrieg der schwarzen Sklaven von Saint-Domingue, Frankreichs reichster Kolonie im 18. Jahrhundert, der im Jahr 1804 mit der Gründung

Die schwarze Fahne. Illustration von Célestin Nanteuil zu «Bug Jargal»

der Republik Haiti endet nach vielen Versuchen, die Insel wieder der französischen Herrschaft zu unterwerfen. Als narrative Form wählt Hugo den Erfahrungsbericht eines Offiziers, der – nach der Art des 18. Jahrhunderts – in eine Rahmenerzählung eingebettet ist. Erstaunen muß zunächst die realistische Darstellung des historischen Kontextes. Typisch für Hugo ist die Verknüpfung der politisch-militärischen Aktion mit der Liebesintrige, bemerkenswert zudem, daß er als positiven Helden einen Schwarzen einführt, der bereit ist, sich selbst und sein Glück für das Leben anderer zu opfern. Vor allem aber fällt auf, daß der Autor in der Nachfolge des *Han von Island* einen Bösewicht geschaffen hat, der die Pläne der positiven Figuren zunichte zu machen versucht. Bezeichnenderweise ist dieser aber kein Schwarzer, sondern ein Mulatte, dessen zerstörerisches Verhalten begründet liegt in der Verachtung, die ihm als Narr eines ehemaligen Kolonialherren zuteil wurde. Hugo motiviert sozialpsychologisch: Gewalttätiges mitmenschliches Verhalten resultiert aus gesellschaftlicher Mißachtung und Marginalisierung, sie ist nicht naturgegeben, selbst wenn dieser Habibrah ein Zwerg und Krüppel ist. Daß der Bösewicht hier als ein Mulatte ausgegeben wird, hat keinen rassistischen Hintergrund, sondern einen historischen: In zwei antagonistischen Sphären angesiedelt, ist er nirgendwo zu Hause und kann seine eigene Identität nur in der Negation finden. Wird die Erzählung so gelesen, dann scheint unleugbar, daß Hugo einen Standpunkt bezogen hat, für den sich die Bezeichnung «revolutionär» durchaus aufdrängt.

Wenn die Romantiker sich als literarische Erneuerungsbewegung durchsetzen wollen, dann müssen sie sich dem Theater zuwenden. Denn das Theater ist das literarische Medium mit der größten Breitenwirkung und zugleich jener Bereich, der in Frankreich ein historisches Paradigma, ein Modell aufzuweisen hat, an dem sich alle Autoren messen lassen müssen: die Klassik. Weder das späte 18. Jahrhundert noch die Revolution und das Kaiserreich haben wichtige Impulse für die Erneuerung der französischen Bühnenkunst gegeben. Sowohl auf seiten des Staates und der offiziellen Institutionen wie der Académie Française als auch auf seiten des Publikums dominiert die Vorliebe für die Autoren des 17. Jahrhunderts (Corneille, Molière, Racine) und ihre Epigonen. Zwar hat schon Madame de Staël in ihrem berühmten Essay «Über Deutschland» (1813) mit Entschiedenheit ein neues Theater nach dem Beispiel der Nachbarn gefordert, doch die praktischen Konsequenzen bleiben in Frankreich auch nach dem Sturz Napoleons eher halbherzig. Das Kaiserreich hat als neue modische Form das Melodrama zu großen Publikumserfolgen geführt, innovative Elemente aber lassen vor allem Übersetzungen und Adaptionen Schillers und Shakespeares erkennen. So kann es nicht verwundern, daß Stendhal 1823/25 sein programmatisches Pamphlet für ein romantisches Theater unter dem Titel «Racine et Shakespeare» herausgibt. «Romantisch ist», so statuiert der Autor, «die Kunst, die den Völkern literarische Werke präsentiert, die im gegenwärtigen Zustand ihrer Sitten und Anschauungen fähig sind, ihnen ein Höchstmaß an Vergnügen zu schenken. Die Klassik hingegen präsentiert ihnen die Literatur, die ihren Urgroßvätern das größtmögliche Vergnügen geschenkt hat.»[17] Stendhal hat den gordischen Knoten durchschlagen: Das klassische Theater, entstanden in einer höfisch-feudalen Kultur, kann nicht mehr den Bedürfnissen einer Gesellschaft entsprechen, die durch die Große Revolution von Grund auf verändert worden ist, und zwar nicht allein im Hinblick auf die politische Ordnung, sondern vor allem auf Sitten und Gefühle. Hervorzuheben an dieser Argumentation ist die historisierende Denkweise: Die literarische Entwicklung muß dem gesellschaftlichen und kulturellen Wandel Rechnung tragen, daher ist romantische Kunst zugleich aktuelle Kunst. Als Gattungsform empfiehlt Stendhal das historische Drama.

Victor Hugo arbeitet ab 1826 an dem Projekt, eine historische Tragödie über die Gestalt des Oliver Cromwell zu verfassen. Der große Schauspieler François-Joseph Talma scheint ihn in diesem Vorhaben bestärkt zu haben. Nach dessen Tod fühlt sich Hugo den Zwängen der zeitgenössischen Bühne nicht mehr verpflichtet, und so sprengt das Werk, das er schließlich publiziert, alle Konventionen des französischen Theaters. Das Drama *Cromwell* (1827) zählt 6413 Verse, etwa sechzig Personen treten auf (eine klassische Tragödie weist rund 1500 Verse auf, sie hat in der Regel weniger als zehn Rollen).

Größere Wirkung als das Stück selbst, das nie zur Aufführung gelangt, hat das Vorwort, das in Frankreich bald zum Manifest des neuen Theaters und darüber hinaus der romantischen Bewegung überhaupt wird. Ähnlich wie Stendhal geht Hugo von einer historischen Theorie der Literatur aus, die allerdings einen sehr viel umfassenderen Anspruch erhebt. Hugo rekonstruiert die Geschichte der Menschheit nach einem Drei-Stadien-Modell, ein nicht unbedingt origineller Gedanke, neu ist jedoch, daß er jeder Entwicklungsstufe eine bestimmte literarische Gattung zuordnet: Die primitive Epoche, gleichsam die Kindheit des Menschengeschlechts, hat die lyrische Dichtung hervorgebracht; die Antike, das Mannesalter, hat das Epos geschaffen, wozu er auch die Tragödie zählt; das moderne Zeitalter schließlich findet im Drama seinen adäquaten Ausdruck. Wichtig ist, daß Hugo die moderne Epoche weder mit der Renaissance noch mit der Französischen Revolution beginnen läßt, sondern mit dem Christentum. Die christliche Religion habe die Vorstellung von der Dualität des Menschen (Seele und Leib) eingeführt und damit die Beschränkung des Ästhetischen auf das Schöne und Erhabene aufgehoben. Das moderne Drama müsse daher aus dem Gegensatz zwischen Schönem und Häßlichem, zwischen Erhabenem und Groteskem hervorgehen und beide Elemente zu einer widersprüchlichen Einheit zusammenführen. Hugos Konzeption ist also im Ansatz idealistisch. Indem er sich auf das Christentum als übergeordnetes Prinzip beruft, entgeht er der Frage, worin das Spezifikum einer postrevolutionären Literatur liegen könnte, sie ist, so unterstellt er stillschweigend, schon längst beantwortet. Wenn die Epoche des Christentums mit ihrem komplexen Menschenbild dem antiken Heidentum überlegen ist, also einen Fortschritt der Menschheit markiert, dann gilt dies auch für die moderne Literatur gegenüber der klassischen. Insofern Hugo die Entwicklung der Dichtung in eins setzt mit der Entwicklung der Gesellschaft, entfernt er sich von einer rein idealistischen Argumentationsweise.

Wie also müßte ein Drama aussehen, das den Bedingungen der Moderne entspricht? Zu verwerfen sind die Zwänge, die die Theorie der drei Einheiten von Ort, Zeit und Handlung dem Autor auferlegt. Allenfalls über die Einheit der Handlung läßt sich noch reden. Sie ist letztlich eine Frage der Perspektive und hat vor allem die Funktion, die psychologische Einheit des Dramas zu garantieren. Der zwölfsilbige Alexandrinervers, den die Anhänger der Klassik für unerläßlich erachten, soll beibehalten werden, aber unter der Bedingung, daß er frei gehandhabt wird, das heißt, neben den durch die Zäsur markierten zweigeteilten Vers soll gleichberechtigt ein dreigeteilter treten, der sogenannte Trimeter. Freiheit von den Zwängen eines ein für allemal festgelegten Regelsystems ist überhaupt die zentrale Forderung, und damit kommt der Begriff des Genies ins Spiel. Das Genie soll frei sein, aber nicht im Sinne von Willkür. Als Regeln kann es nur die allgemeinen Gesetze der Natur anerkennen und jene spezifischen Regeln, die die Darstellung eines konkreten Sujets ermöglichen. All dies bedeutet einen Zuwachs an realistischer Wiedergabe, auch wenn Hugo zugleich betont, Naturrealität und Kunstrealität könnten nie identisch sein.

Nur eine Gattungsform kann diesen Bedingungen entsprechen, das Drama, das in sich Tragödie und Komödie vereint. Es allein ist fähig, die komplexe Realität des Schönen und des Häßlichen in sich aufzunehmen. Dies bedeutet nicht nur, daß neben die erhabenen Figuren häßliche und groteske treten, dies bedeutet vielmehr, daß alle Personen, welchem Stand sie auch angehören, in sich diese Doppelnatur tragen, und dies heißt auch, daß die häßlichen und grotesken Figuren zugleich heroisch, erhaben und tragisch sein können. Hier liegt eine der wichtigsten Neuerungen der Hugoschen Ästhetik. Nicht nur in seinen Bühnenwerken, sondern auch in seinen Romanen wird er diese Konzeption verwirklichen. Sie hat auch gesellschaftliche und politische Dimensionen: die Aufwertung des Grotesken ist verbunden mit der Nobilitierung der «untergründigen Kräfte der Gesellschaft, die das Leben des Volkes in sich birgt»[18].

Das Drama soll zugleich ein historisches Drama sein, das heißt, die Sujets werden der Geschichte entnommen, dem Medium der Identitätsbildung von Nationen, Völkern und Kulturen. Das Vergangene ist Spiegel des Gegenwärtigen und soll doch zugleich in seiner konkreten Besonderheit zur Darstellung kommen. Das undefinierbare, wenig konkrete Zeit- und Ortskolorit der klassischen Tragödie wird verworfen. Aber nicht allein eine Episode oder der Ausschnitt einer historischen Situation soll auf die Bühne gebracht werden, sondern *eine ganze Krisenepoche [...] mit ihren Sitten, ihren Gesetzen, ihren Moden, ihrem Geist, ihrem Wissen, ihrem Aberglauben, ihren Ereignissen und ihrem Volk, das alle diese Erstursachen formen wie weiches Wachs*[19].

Wie schwer es ist, eine solche «Poetik der Totalität» (A. Ubersfeld) ins Werk zu setzen, zeigt schon das Drama *Cromwell* selbst. Das zentrale Problem, das das Stück aufwirft, ist die Frage nach der Legitimation politischer Herrschaft. *Wird er König sein?* lautet der Titel, den Hugo für eine Bühnenfassung vorgesehen hat. Hinter der Gestalt des Cromwell tauchen die Umrisse Napoleons auf oder allgemeiner die Frage, wie eine Herrschaftsform, die aus der Revolution hervorgegangen ist, vor dem Rückfall in die Autokratie bewahrt werden kann. Im historischen Kontext, der hier entfaltet wird, ist eine Lösung des Problems nicht möglich, und insofern darf Cromwell als eine tragische Figur angesehen werden. Es ist eine Situation, in der das Alte dem Verfall anheimgegeben scheint, die Konturen des Neuen aber noch keine konkrete Gestalt annehmen. Auch die Kräfte der Erneuerung, repräsentiert durch die Gruppe der Verrückten und Narren, haben nur die Funktion der Negation. Mit beißendem Spott entlarven sie die hohlen Mechanismen der Macht, ohne doch schon selbst neue Formen politischen und gesellschaftlichen Zusammenlebens zu verwirklichen. Das Groteske hat hier eine soziale Funktion: Es ist der ironische Widerpart der Herrschenden aus der Perspektive der Niederen. Gleichsam zwischen den Fronten steht die Figur des Dichters, repräsentiert durch Milton. Er ist zugleich kritisches Organ des Bestehenden und utopische Stimme des Zukünftigen, dem Volk nahe und doch nicht mit ihm identisch, «prophetisches Echo eines wiedergefundenen Paradieses»[20]. Das historische Dilemma, das dieses Stück enthüllt, zielt ohne Zweifel auch auf die Gegenwart der zwanziger Jahre, die Epoche der Restauration. Hugo, so ist zu folgern, situiert sich jenseits aller griffigen Optionen seiner Zeit. In keiner sieht er eine Lösung.

Wohl wissend, daß es zur Aufführung des Stückes nicht kommen wird, unternimmt Hugo noch während der Abfassung des *Cromwell* einen recht bescheidenen Versuch, sich auf der Bühne zu etablieren; doch das Resultat ist ein eklatanter Mißerfolg. Das Drama *Amy Robsart* (1828) nimmt eine Episode aus dem Roman «Kenilworth» von Walter Scott auf. Hugo folgt einem modischen Trend, wagt es aber nicht einmal, sich selbst als Autor des Stückes auszugeben, sondern veröffentlicht es unter dem Namen seines Schwagers Paul Foucher. Erst als der Fehlschlag offenkundig wird, bekennt er sich zu seinem Werk.

Dem steht jedoch die Publikation von Werken gegenüber, die eine deutliche Progression seines Schaffens markieren. Es handelt sich um die Gedichtsammlung *Les orientales* (1829) und die Erzählung *Le dernier jour d'un condamné* (1829). Die Gedichte folgen durchaus auch aktuellen Tendenzen der Zeit. Es geht um eine Neuentdeckung des Orients, die sich gegen den klassizistischen Hellenismus wendet. Die Gedichte verbinden die Aufwertung des Exotischen mit der Parteinahme für den Freiheitskampf der Griechen. Anlehnungen an Texte von Lord Byron und

Zeichnung von Louis Boulanger zu «Der letzte Tag eines zum Tode Verurteilten». Paris, Musée Victor Hugo

an bestimmte Gemälde von Eugène Delacroix sind unübersehbar. Zugleich zeichnet sich die Sammlung durch mutige Innovationen im Bereich der Metaphorik, der Metrik und des Reims aus. Dieser Aspekt hat das Werk später zu einer Lieblingslektüre der L'art-pour-l'art-Bewegung gemacht.

Die Erzählung *Der letzte Tag eines zum Tode Verurteilten* ist einer der bemerkenswertesten Texte Hugos überhaupt, dessen Bedeutung erst in den letzten Jahrzehnten erkannt worden ist. Der Autor wählt die Perspektive eines zum Tode Verurteilten, um dessen extreme Gefühlszustände in Form eines Tagebuchs zu präsentieren. Die Modernität dieses Werks liegt zum einen in der Schärfe der psychologischen Analyse, zum anderen auch in der Textstruktur selbst, die durch Brüche und Leerstellen gekennzeichnet ist. So erfährt der Leser nichts über das Verbrechen und dessen Gründe, die Darstellung konzentriert sich ausschließlich darauf, das unerbittliche Fortschreiten der Zeit bis zum Ende auf dem Schafott zu gestalten. Ganz entscheidend für den Gesamtduktus der Erzählung erscheint jedoch die Erkenntnis, daß dem Helden durch den gesellschaftlich sanktionierten Urteilsspruch die Dimension der Zukunft gleichsam abgeschnitten wird. Gewiß impliziert die Erzählung auch ein

Plädoyer gegen die Todesstrafe, auf diesen Aspekt weist der Autor jedoch erst im Vorwort von 1832 hin.

Der Erfolg dieser Werke lenkt Hugos Interesse wieder auf die Bühnenkunst. Spätestens seit Mitte des Jahres 1829 trägt er sich mit dem Gedanken, erneut den Versuch zu wagen, seine Dramenkonzeption unter den beschränkten Bedingungen des zeitgenössischen Theaters zu realisieren. *Un duel sous Richelieu (Ein Duell unter Richelieu)* lautet der Titel des neuen Stücks, das im Juli 1829 von der Comédie Française zur Aufführung angenommen wird. Die Handlung ist situiert in der Regierungszeit Ludwigs XIII., es geht um die Liebesbeziehung zwischen der Kurtisane Marion de Lorme und dem in Ungnade gefallenen Offizier Didier. Zentraler Aspekt ist die reinigende Liebe des jungen Außenseiters zur ehemaligen Kurtisane, ein Lieblingsthema Hugos, das darauf abzielt zu zeigen, daß wahre Menschlichkeit bei den Geächteten zu finden ist. Dieser Aspekt wird verknüpft mit der Darstellung eines dekadenten Adels, der ebenso wie der König selbst die Macht an den Kardinal Richelieu abgetreten hat. Das Stück ist alles andere als eine Glorifizierung der Monarchie im Zeitalter des aufsteigenden Absolutismus.

Dieser letzte Aspekt erklärt, warum das Werk von der Zensur verworfen wird. Karl X. soll sich im wenig schmeichelhaften Porträt seines Vorfahren wiedererkannt haben. Zwei Innenminister versagen dem Drama ihre Zustimmung. Hugo wendet sich schließlich an den König selbst und wird in Saint-Cloud empfangen. Karl X. verspricht ihm, den inkriminierten vierten Akt noch einmal zu lesen, läßt ihm aber bald mitteilen, daß er das Aufführungsverbot nicht widerrufen wird. Gleichsam als Entschädigung bietet er Hugo eine weitere Jahrespension von 2000 Francs an. Der Autor lehnt ab und versichert doch zugleich in einem Brief an den Innenminister den König seiner Loyalität. Von nun an weiß Hugo, was er von einem Regime zu halten hat, das sich in der Verfassung von 1814 zur Achtung der Meinungsfreiheit verpflichtet hat, gegen alle Äußerungen von Opposition, sobald sie als gefährlich empfunden werden, aber mit den Instrumenten der Repression vorgeht. In dem Gedicht *Siebter August Achtzehnhundertneunundzwanzig* (1839) wird Hugo noch einmal an die Begegnung mit Karl X. erinnern. Aus der Retrospektive erscheint ihm das Verhalten des Königs wie ein verzweifelter, aber vergeblicher Versuch, den Gang der Geschichte aufzuhalten.

Doch schon im Jahr 1829 ist Hugo nicht bereit, aufzugeben und zu resignieren. Er spürt, daß die Zeit zur Veränderung drängt und er die Kraftprobe mit dem Regime der Restauration auch auf der Bühne wagen kann. Im August/September schreibt er ein neues Stück mit dem Titel *Hernani (Hernani oder die kastilische Ehre)*. Ende September liest er es einem Kreis von Freunden vor, die sich begeistert zeigen, Anfang Oktober wird es von der Comédie Française zur Aufführung angenommen.

Diesmal erhebt auch die Zensur kein Veto, fordert allerdings die Änderung einiger Textstellen, worauf der Autor jedoch nicht eingeht. Am 25. Februar 1830 findet die Uraufführung statt.

Es ist wiederum ein historisches Versdrama, das sich um die Einhaltung der klassischen Regeln kaum schert. Die Haupthandlung des Stücks spielt im Spanien des Jahres 1519. Politische Intrigen verbinden sich mit Motiven individueller Liebesbeziehungen. Sowohl der junge König Don Carlos als auch der betagte Ruy Gómez werben um die Hand der Doña Sol, die ihrerseits in den jungen Outlaw Hernani verliebt ist. *Drei um eine* hat Hugo als Motto ins Manuskript geschrieben. Mit unnachsichtiger Härte geht Don Carlos gegen jene Adligen vor, die wie Hernani und Ruy Gómez sich gegen die Durchsetzung der absoluten Monarchie erheben. So verbünden sich schließlich Hernani und Ruy Gómez gegen den König mit dem Ziel, die von ihm als Geisel entführte Doña Sol zu befreien. Dem König gelingt es, die Verschwörung aufzudecken und die Verschwörer in seine Gewalt zu bringen. Als er jedoch von seiner Wahl zum Deutschen Kaiser erfährt, zeigt er sich bereit, Milde walten zu lassen und auf Doña Sol zugunsten Hernanis zu verzichten. Seine imaginäre Begegnung mit Karl dem Großen in der Kaisergruft zu Aachen hat ihn aufmerksam gemacht auf die Umwälzungen, die gegenwärtig stattfinden, und sein Verhalten als Politiker und als Mensch grundsätzlich verändert. Unfähig zum Wandel aber zeigen sich die anderen männlichen Figuren, die im Wertesystem einer aristokratisch-feudalen Gesellschaft gefangen bleiben, und deswegen ist eine glückliche Lösung nicht möglich. Die Handlung des Stücks läßt heute nur noch schwer verstehen, daß *Hernani* zu einem Exempel geworden ist, an dem sich die Geister scheiden, die Romantiker von den Klassizisten und die Liberalen von den monarchistischen Ultras. Hugo jedoch hat frühzeitig erkannt, daß die Bühne der Comédie Française zu einer Tribüne werden und die Konfrontation zwischen den Anhängern des Alten und den Protagonisten des Neuen unvermeidlich sein würde. Und er hat es verstanden, den Erfolg zu organisieren. Zwar lehnt er bezahlte Claqueure ab, aber er läßt mit Hilfe von Freunden eine «Truppe» bilden, die seine Interessen wahrnimmt. Es sind junge Künstler und Studenten, die, unter der Führung von Théophile Gautier, gern die Gelegenheit ergreifen, die Comédie Française, schon längst verpönt als Hüterin der Tradition, im Sturm zu erobern, wie einst das Volk der Metropole die Bastille eingenommen hat. Bereits Stunden vor der Uraufführung begehren sie Einlaß und besetzen die strategischen Positionen im Saal. Demonstrativ rote Westen tragend, inszenieren sie eine Art Happening, verabreden ein geheimes Losungswort, das sie zu Beifallsbekundungen animieren soll. Den verunsicherten und verängstigten Anhängern der Alten Schule, zum Teil Mitglieder der Académie Française, bleibt nichts anderes übrig, als das Stück passieren

Die Boheme kämpft für Victor Hugos «Hernani».
Karikatur von Stop. Paris, Musée Victor Hugo

zu lassen. Doch erst mit dem vierten und fünften Akt ist der Erfolg garantiert, die «bataille d'*Hernani*» gewonnen. Noch fast vier Jahrzehnte später wird sich Gautier an diesen Tag erinnern und betonen, es sei das größte literarische Ereignis seiner Jugend gewesen.[21]

Doch die Presse bleibt in ihrer Mehrheit dem Stück feindlich gesonnen. Schon Wochen vor der Uraufführung haben insbesondere die regimetreuen Zeitungen die Auseinandersetzung mit polemischen Artikeln gegen den Autor geschürt. Und die Besetzung der Rollen – die über fünfzigjährige Mademoiselle Mars spielt die jugendliche Doña Sol – hat nicht unbedingt einen Erfolg erwarten lassen. Aber Hugo ist auch ermutigt worden, vor allem von Schriftstellerkollegen wie Benjamin Constant und Prosper Mérimée. Besonders wichtig ist ihm wohl ein Brief Chateaubriands gewesen, der nach dem Besuch der Aufführung schreibt:

Victor Hugo, 1829. Lithographie von Achille Devéria.
Paris, Musée Victor Hugo

«Ich gehe und Sie kommen.»[22] Treffender kann man den Triumph Hugos, der zugleich der Triumph seiner Generation und der gesamten romantischen Schule ist, kaum ausdrücken.

Auch das Publikum votiert anders als die Kritik. Fünfundvierzig ausverkaufte Aufführungen erlebt das Stück im Frühjahr 1830, bis es aus programmtechnischen Gründen abgesetzt werden muß. In seinem Vorwort vom März 1830 zieht Hugo Bilanz. Er ist sich dessen bewußt, daß der literarische Triumph zugleich ein politisch-ideologischer Sieg ist. *Die Romantik […] ist nichts anderes als der Liberalismus in der Literatur. […] Die Freiheit in der Kunst, die Freiheit in der Gesellschaft, das ist das doppelte Ziel, das alle konsequenten und logischen Geister anstreben müssen.*[23] Seine Devise lautet nun *Für ein neues Volk eine neue Kunst.* Zugleich aber betont er die Bedeutung des Volks und einer volkstümlichen Kunst so stark, daß sich schon jetzt künftige Auseinandersetzungen mit dem bürgerlich-liberalen Lager ankündigen. Aus der Perspektive der Julirevolution von 1830 erscheint der Triumph in der Schlacht um *Hernani* wie eine literarische Vorwegnahme und Prophetie der nahenden Umwälzung.

Im Frühjahr 1830 ist Hugo der unumstrittene Anführer der romantischen Bewegung. Alte Mitstreiter – wie Nodier und Vigny – verfolgen den scheinbar unaufhaltsamen Aufstieg des erst Achtundzwanzigjährigen eher mit Unbehagen oder gar mit Neid. Seine ideologischen Kehren vermögen sie schon gar nicht nachzuvollziehen. Aber eine neue Generation – Théophile Gautier, Alfred de Musset, Gérard de Nerval und Philotée O'Neddy –, oppositionell aus Prinzip, macht ihn zu ihrem Idol. Und Hugo hat Freunde unter den namhaftesten Künstlern der Zeit: Delacroix, die Brüder Achille und Eugène Devéria, Louis Boulanger und der Bildhauer Pierre-Jean David zählen zu ihnen. 1829 zeichnet Achille Devéria sein Proträt und veröffentlicht es als Lithographie. Das Werk, ausgestellt in den Schaufenstern der Pariser Kunsthändler, wird von einem großen Publikum gesehen und bewundert. Die «Revue de Paris» sieht sich veranlaßt, es ihrerseits zu porträtieren. Der Artikel endet mit den Worten: «Es ist unmöglich, nicht zu erkennen, daß auf diesem Kopf von 27 Jahren eine glorreiche Zukunft ruht.»[24]

Der Romantiker und die Widersprüche der Bürgermonarchie (1830–1848)

Hugo und seine Schriftstellerkollegen mögen ahnen, daß der restaurativen Monarchie keine Zukunft mehr gehört, von ihrem plötzlichen Zusammenbruch werden sie gleichwohl überrascht. Drei Julitage genügen, um dem Regime ein Ende zu setzen. Man nennt sie die «trois glorieuses», die drei glorreichen Tage (28.–30. Juli 1830). Karl X. hat mit seiner Politik, die schließlich unverhohlen auf die Wiederherstellung des Ancien Régime abzielt, den Umsturz nur beschleunigt. Das politische System, wie es sich nach dem Sturz Napoleons gebildet hatte, beruhte auf einem sorgsam austarierten Gleichgewicht zwischen monarchistischen Ultras auf der einen und liberalen Konstitutionalisten auf der anderen Seite. Die Verfassung von 1814 war der Ausdruck dieses Kompromisses, der die Macht des Königs einschränkte, zugleich aber dem Parlament nicht die volle legislative Gewalt zusprach. Während sich Ludwig XVIII. letztlich an diesen Kompromiß gehalten hat, steuert Karl X. immer deutlicher die Wiederherstellung der absoluten Monarchie an. Sein Versuch, durch eine Auflösung der Abgeordnetenkammer die Wahl einer ihm ergebenen Parlamentsmehrheit zu erzwingen, scheitert im Juli 1830. Daraufhin erläßt der König die fatalen vier «ordonnances» (Verordnungen), die einen eklatanten Verstoß gegen die Verfassung darstellen: Die Pressefreiheit wird abgeschafft, das soeben gewählte Parlament aufgelöst, das Zensuswahlrecht wird zugunsten des Landadels und zum Nachteil des Besitzbürgertums modifiziert, schließlich werden Neuwahlen angesetzt.

Dieser Quasi-Staatsstreich provoziert postwendend den Aufstand in der Metropole. Es sind vor allem die Pariser Drucker, die das Signal geben, als sie am 26. Juli den Verordnungen zum Trotz die Tageszeitungen erscheinen lassen. Barrikaden werden errichtet, die Trikolore wird gehißt, am 28. Juli ist Paris in den Händen der Aufständischen. Ohne die Arbeiter der Hauptstadt hätte die Erhebung wohl nicht so schnell Oberhand bekommen, und die Tatsache, daß sie sich so massiv gegen das Regime der Restauration erheben, hat nicht nur verfassungsrechtliche Gründe, sie ist vielmehr eine Reaktion auf die große Wirtschaftskrise, die seit 1828 das Land erfaßt hat. Die ganze Nation – bis auf den Adel – steht nahezu einmütig auf gegen ein als archaisch empfundenes Herrschaftssystem, die revolutionäre Tradition von 1789–93 ist mit einem Schlag wieder aktuell. Eugène Delacroix hat diesen historischen Augenblick auf seinem berühmten Gemälde «Die Freiheit führt das Volk» glorifiziert. Bürger, Arbeiter, Intellektuelle und selbst die Pariser Straßenjungen kämpfen gemeinsam für eine Zukunft unter der Devise «Freiheit, Gleichheit, Brüderlichkeit». Doch die Hoffnungen auf einen demokratischen Wandel werden bald enttäuscht. Den bürgerlichen Abgeordneten der Kammer erscheint die Republik als ein bedrohliches Gespenst. Aber welche Lösung bietet sich ihnen an, wenn sie sowohl die Volksherrschaft als auch die alte Monarchie verhindern wollen? Sie glauben sie in der Person des Herzogs Louis-Philippe von Orléans, eines Vetters Karls X., zu finden. Sein Vater, der berühmte Philippe Égalité, hat die Revolution von 1789 befürwortet, sogar für das Todesurteil gegen Ludwig XVI. votiert, was ihn aber nicht davor bewahrt hat, selbst Opfer der Terreur zu werden. Sein Sohn hat in der Revolutionsarmee bei Jemappes gekämpft, bislang sind dessen Versuche, als Thronerbe der Bourbonen zum Zug zu kommen, gescheitert, nun aber ist seine Stunde gekommen. Er erscheint den Bürgerlichen der einzige Garant der Ordnung. Am 9. August leistet er den Eid auf die modifizierte Verfassung und wird zum König der Franzosen ausgerufen.

Der «Roi citoyen», der «Bürgerkönig», wie er sich nennt, steht an der Spitze eines Herrschaftssystems, das in seiner Konstruktion schon die Fermente seiner Zersetzung enthält. Mag die neue Charta auch die Freiheitsrechte der Bürger garantieren, die übergroße Mehrheit der Franzosen wird durch die Fortschrei-

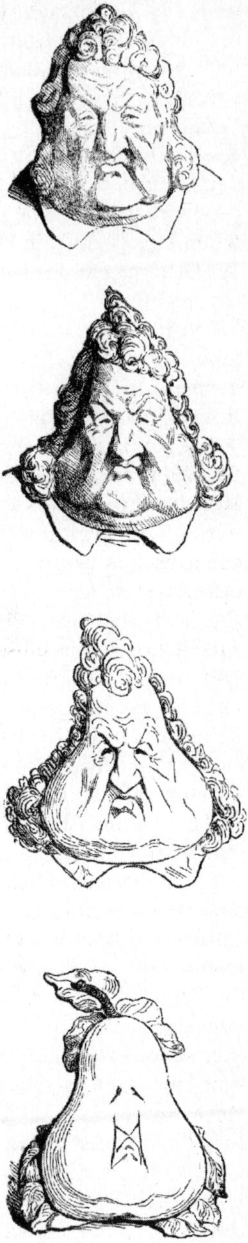

Der Kopf des Bürgerkönigs Louis-Philippe verwandelt sich in eine Birne. Karikatur von Philipon. «Le Charivari» 1834

bung des Zensuswahlrechts von politischer Mitgestaltung ausgeschlossen, und nicht die Bourgeoisie als ganze tritt die Herrschaft an, sondern nur eine «Fraktion derselben», wie Karl Marx später kritisch feststellen wird, das heißt das Finanzbürgertum. Allen Forderungen nach einer Wahlreform treten die wechselnden Regierungschefs mit der Aufforderung «Enrichissez-vous» (Bereichert euch!) entgegen, was besagen soll, den Besitzenden gebührt die politische Macht. Die dreißiger und vierziger Jahre werden eine Periode der Industrialisierung und des ökonomischen Umbruchs sein, die zu Lasten der Arbeiter, der Handwerker und der Bauern geht, zum großen Teil auch der bürgerlichen Mittel- und Unterschichten.

Im Juli 1830 zählt Hugo nicht zu den unmittelbar politisch Engagierten. Es mag sein, daß ihn private Angelegenheiten zu sehr in Anspruch nehmen. Er hat sich aus der Öffentlichkeit zurückgezogen, um seinen Roman *Notre-Dame de Paris* zu vollenden, dessen Publikation schon längst geplant ist. Der Verleger Charles Gosselin hat ihm einen letzten Aufschub bis zum Herbst 1830 gewährt. Hinzu kommt, daß am 28. Juli seine zweite Tochter Adèle geboren wird. Vielleicht ist aber auch die Vermutung nicht abwegig, er habe aus politischen Motiven Distanz zu den aktuellen Ereignissen gewahrt. Erst im Lauf der nächsten zwei Jahrzehnte treten die tieferen Gründe dieses Verhaltens zutage. Trotz solcher Zurückhaltung gehört er zu jenen Autoren, die den Sieg der Revolution auch poetisch feiern. Am 19. August 1830 erscheint in «Le Globe» eine Ode *A la jeunesse des trois écoles (An die Jugend der drei Hochschulen)*[25]. Die Ode macht deutlich, daß Hugo die Revolution befürwortet, insofern sie die Tradition der Volkssouveränität aktualisiert, er möchte sich aber zugleich mit Anstand vom Regime der Restauration verabschieden, dem er selbst solange zu Diensten war, und so leistet er Trauerarbeit für eine Machtelite, die die Zeichen der Zeit nicht erkannt und die Chancen für eine Versöhnung der widersprüchlichen Traditionen der Nation verspielt hat. Aus der Sicht Hugos hat sich das Volk von Paris – angeführt von der akademischen Jugend – mit diesem Aufstand als eine Gemeinschaft von Citoyens, die getragen wird von einer *volonté générale*, erst konstituiert. Damit fällt der französischen Nation – ganz wie in der Epoche der Großen Revolution – die Rolle einer Avantgarde bei der Befreiung der unterdrückten Völker Europas zu. Der letzte Teil des Gedichts weist Elemente auf, die über eine bürgerlich-liberale Deutung der Ereignisse weit hinausgehen. In dem umfassenden Bild vom Ausbruch eines Vulkans wird die Heraufkunft der Volksmassen visionär gestaltet. Die Haltung des Dichters ihnen gegenüber bleibt ambivalent, von Hoffnung auf Erneuerung und Angst vor Zerstörung zugleich bestimmt.

Bedeutet diese Alternative nun Hugos Zustimmung zur Julimonarchie? Oder muß er auch das neue Regime als unfähig ansehen, die politischen und sozialen Probleme des Landes zu lösen? Aus seinem *Journal d'un révolutionnaire de 1830 (Tagebuch eines Revolutionärs von 1830)*, lassen sich wiederum nur sein Zögern und sein Schwanken ablesen. Die zukünftige Lösung kann allein die demokratische Republik sein, doch von ihrer Lebensfähigkeit in der Gegenwart ist er nicht überzeugt. Legitimation kann nur aus der Volkssouveränität erwachsen, doch dazu bedarf es zuvor der Zivilisierung der Massen, und das bedeutet konkret der Alphabetisierung. Dringlicher als die Verwirklichung eines neuen politischen Systems erscheint ihm die Lösung der sozialen Probleme. Ziel ist eine ‹zivile› Gesellschaft, die sich selbst zu regieren vermag.[26] In der aktuellen Lage kann eine solche Einschätzung nur bedeuten, daß Hugo die Julimonarchie als eine Interimslösung akzeptiert. Wie sehr dabei langfristige Optionen Hugos in Widerspruch geraten müssen zu seinen offiziellen Funktionen, wird sich sehr bald zeigen.

Wie eine Flucht aus den Problemen der Epoche mag seine intensive Arbeit am Roman *Notre-Dame de Paris* anmuten. Das Werk markiert zugleich die Vollendung und das Ende des historischen Romans, wie ihn die französischen Romantiker verstehen. Erst jetzt gelingt es dem Autor, jenen Romantyp zu verwirklichen, den er schon im Jahr 1823 in einem Artikel über Scott angekündigt hat. Es ist ein Roman, der sowohl Drama als auch Epos, der zugleich pittoresk und poetisch, real und ideal sein soll. Hugo hat darauf verzichtet, wie Chateaubriand oder Vigny große historische Persönlichkeiten ins Zentrum des Geschehens zu rücken, ihm ist eher daran gelegen, kollektive Geschichte in Figuren zu präsentieren, die weniger Helden als vielmehr Opfer sind. Der Autor verweist in einem Vorspruch darauf, daß er auf der Mauer eines Turms der Kathedrale das griechische Wort «ananké» eingraviert gefunden habe. Fatum, Schicksal, Unausweichlichkeit, dies ist das Prinzip, auf dem der ganze Roman basiert. Die Beziehungen der Figuren zueinander und ihre Verflechtung in die kollektiven Ereignisse ihrer Zeit lassen immer wieder das verzweifelte Bemühen erkennen, dem eigenen Schicksal zu entgehen. Das tiefste Motiv für das Handeln der Personen ist der Wunsch, geliebt und anerkannt zu werden, zugleich aber auch die Bereitschaft und Fähigkeit, anderen Zuwendung und Schutz zu gewähren. Haß und Zerstörung erklären sich aus der Erfahrung des Ausgeschlossenseins. Und Ausgeschlossene sind alle zentralen Figuren: der finstere Erzdiakon Claude Frollo (von ihm stammt die Mauerinschrift), der Glöckner Quasimodo und die schöne Esmeralda. Ausgeschlossene sind auch die Bettler und Gauner, die eine Art Gegengesellschaft innerhalb der bestehenden sozialen Ordnung bilden. Was immer die Personen tun, sie vermögen am Ende nur ihren eigenen Untergang herbeizuführen. Der Rolle, die ihnen ein scheinbar festgefügtes gesellschaftliches System zuweist, können sie nicht entrinnen. Hierin liegt der dramatische Charakter der Ge-

Die Bettler stürmen Notre-Dame. Illustration (Gouache) von Nicolas-François Chifflart zu «Notre-Dame de Paris», 1876/77. Paris, Musée Victor Hugo

schichte, die als Lösung nur die Katastrophe zuläßt. Insofern die Handlung tragische Züge aufweist, spielt das pathetische Element eine herausragende Bedeutung. Der Autor hat sich gerade in diesem Werk seiner Konzeption des Grotesken erinnert, das in vielfacher Form auftritt. Ohne Zweifel aber ist der Glöckner Quasimodo jene Gestalt, in der sich das Groteske, Monströse, scheinbar Inhumane *(er ist nur fast ein Mensch)* und das Pathetische, das Sublime und das Heroische, kurz das wahrhaft Humane einer geschundenen Menschheit in einer künstlerischen Synthese vereinen.

Die deutsche Übersetzung des Titels, *Der Glöckner von Notre Dame*, entspricht im Grunde nicht den Intentionen des Autors. Hugo hat absichtlich die Kathedrale selbst ins Zentrum des Geschehens gerückt. Sie ist Fluchtpunkt und Lebensmittelpunkt, ja Inkarnation des Geistes der Epoche. So erklärt es sich, daß Quasimodo eine Art Symbiose mit ihr eingeht. Und obwohl der Autor keineswegs ein idyllisch-nostalgisches Bild der mittelalterlichen Welt zeichnet, wie man den Romantikern immer gern unterstellt, gilt ihm die gotische Architektur als Höhepunkt und Vollendung des Sakralstils schlechthin. Auffallen muß, daß er sich kaum für die Theologie jener Epoche interessiert. Die Kathedrale ist weniger Inkarnation des christlichen Mittelalters als vielmehr Ausdruck des Volkscharakters. *Alle Theokratie endet in der Demokratie*, heißt es an einer Stelle, und insofern wird verständlich, daß Notre-Dame die gesamte Stadt dominiert. Die Kathedrale ist nicht nur Höhepunkt und Vollendung, sie ist zugleich Ende und Übergang. Ganz bewußt hat Hugo mit dem Jahr 1482 eine Epochenschwelle gewählt. Es ist der «Herbst des Mittelalters» (Huizinga), eine Zeit der Krise, der schon eingetretenen oder bevorstehenden großen Umwälzungen: Reformation, Entdeckung der Neuen Welt, Entstehung der absoluten Monarchie und des neuzeitlichen Kapitalismus. All diese Veränderungen konzentrieren sich aus seiner Sicht in der Erfindung des Buchdrucks. *Ceci tuera cela (Dieses wird jenes töten)* lautet das geschichtsphilosophische Kapitel, in dem er seine Konzeption vorträgt. Der Buchdruck wird die Architektur beseitigen, das heißt in ihrer Funktion ablösen. Nicht mehr die Kathedrale wird das Vehikel der Wahrheit und des Wissens sein, sondern das Buch. Damit hört die Wahrheit auf, in der Verfügungsgewalt einer Elite, einer Kaste zu sein, sie ist allen zugänglich. Das demokratische Zeitalter beginnt.

An diesem Punkt enthüllt sich auch der aktuelle Bezug des Romans zur Realität des 19. Jahrhunderts. Gewiß, 1830 und 1482 sind keine identischen Daten, doch der ferne Spiegel reflektiert auch Grundelemente der modernen Epoche gesellschaftlicher Umwälzungen. Das Schema der Romanhandlung hat Hugo seit 1828/29 entworfen, die Julirevolution, die ihn zum erstenmal in seinem Leben ganz konkret einen Volksaufstand miterleben läßt, verändert grundlegend den Charakter des Werks.

Dies gilt für die Massenszenen *(Der Hof der Wunder, Sturm der Bettler auf Notre Dame)* ebenso wie für die Erkenntnis, daß es sich um eine Epoche der Umwälzungen handelt. Noch sind die Massen unfähig, anders als instinktiv zu agieren, und laufen so in ihren Untergang, doch eines Tages wird die Wahrheit von ihnen Besitz ergreifen, und dann ist ihr Triumph unabwendbar. Damit erhält auch die Idee des Schicksals, der «ananké», eine neue Wendung. Es wird eine Zivilisation entstehen, die Fatalität nicht mehr kennt, sei es in Gestalt religiöser Dogmen oder gesellschaftlicher und natürlicher Gesetze. Die Hoffnung richtet sich auf eine Kultur der Freiheit.

Der Roman wird zu einem bis dahin nicht gekannten Publikumserfolg. Mögen konservative und liberale Blätter den «barbarischen» Charakter des Werks beklagen, mag ein Goethe die «Naturlebendigkeit» in den handelnden Personen vermissen und ein Balzac die «Leere» des Romans kritisieren, die Leser der Zeit machen ihn zu einem Bestseller, und Charles Gosslin weiß dies zu honorieren. Nicht alle Aspekte des Werks mögen sogleich gesehen worden sein, doch es ist in die kollektiven Mythen der französischen Volkskultur und in die Weltliteratur eingegangen. Zusammen mit Stendhals «Rot und Schwarz» (1830) und Honoré de Balzacs frühen Romanen ist er eines der großen Exempla der neuen Erzählkunst in Frankreich.

Dieser Erfolg läßt Hugo jedoch nicht vergessen, daß sein Hauptinteresse sich immer noch auf die Bühnenkunst richten muß, und zwar nicht nur aus literarischen, sondern auch aus finanziellen Gründen. Unter den Bedingungen des literarischen Marktes seiner Zeit ist das Theater nach wie vor allein in der Lage, die materielle Existenz seiner Familie zu sichern. Er setzt dort wieder ein, wo er zuvor gescheitert ist: Im August 1831 kommt das 1829 verbotene Stück unter dem neuen Titel *Marion de Lorme* zur Aufführung. Der Autor hat sich für die Bühne des Theaters der Porte Saint-Martin entschieden. Hier dominiert im Unterschied zur Comédie Française nicht die konservative und Neuerungen feindlich gesonnene Oberschicht, sondern ein volkstümliches Publikum der unteren Schichten, das sich nicht sorgt um die Erhaltung der klassischen Traditionen, vielmehr spannungsreiches «Action-Theater» in Form von Melodramen sehen möchte. Die Schwäche dieses Theaters liegt darin, daß es ausschließlich von den Besucherzahlen abhängig ist, da es keine staatlichen Subventionen erhält. Sichere Einnahmen kann diese Bühne einem Autor nicht garantieren. Nach einem bescheidenen Erfolg von 24 Aufführungen wird *Marion de Lorme* wieder abgesetzt.

Gleichwohl fühlt sich Hugo in seiner Absicht bestärkt, die Bühne der Zeit für das romantische Drama zu erobern. Optimistisch stimmt ihn die Julirevolution selbst, die in ihrem Grundgesetz in besonderer Weise die Freiheitsrechte des einzelnen betont. Dies müsse, so unterstellt er, auch das Ende der Zensur bedeuten. In einem neuen Vorwort zu *Marion de Lorme* vom August 1831 kehrt er diesen Aspekt der jüngsten Ereignisse hervor. *Jetzt ist die Kunst frei*, heißt es dort. In der politischen Umwälzung entdeckt er auch eine soziale Revolution, die bald – in zwei Jahren, wie er sagt – die Verwandlung des Masseninstinkts in einen neuen Kunstgeschmack zur Folge haben werde.

Doch die Enttäuschung läßt nicht lange auf sich warten. Im November 1832 wird sein neues Stück *Le roi s'amuse (Der König amüsiert sich)* nach der ersten Vorstellung in der Comédie Française wegen Unmoral durch ministerielle Verfügung verboten. Der Autor ist entsetzt. Kommt dies nicht einem Verfassungsbruch gleich? Doch weder seine Proteste noch die Anrufung der Justiz ändern den Beschluß. Was ist der Hintergrund? Hugo hat wieder einmal ein Stück verfaßt, in dessen Zentrum ein französischer König steht, Franz I. Doch anstatt ihn als Helden zu präsentieren, stellt er ihn als Schwächling und Schurken dar. Die eigentlich tragische Figur ist der Hofnarr Triboulet, in der sich einmal mehr das Groteske und das Erhabene vereinen. Triboulet möchte sich durch einen Mordanschlag an seinem Herrn rächen, der seine Tochter zur Mätresse gemacht hat. Doch anstelle des Verführers wird irrtümlich das Mädchen umgebracht. In einem Sack bringt man dem Hofnarr die Leiche.[27] Eine solche Darstellung des Monarchen muß selbst einen so liberalen König wie Louis-Philippe schockiert haben. Hugo hat wieder einmal ein Tabu gebrochen, und angegriffen fühlen sich die herrschenden Kreise der Julimonarchie überhaupt. Das sei «Terreur» auf dem Theater, lautet einer der Vorwürfe der systemkonformen Presse unter Anspielung auf 1793.[28]

Auch nach dieser Erfahrung ist Hugo nicht zum Aufgeben bereit. Schon zwei Monate später gelangt sein nächstes Stück *Lucrèce Borgia* im Theater der Porte Saint-Martin zur Aufführung und wird ein unbestrittener Erfolg. Auf französische Sujets läßt sich Hugo nun nicht mehr ein, bleibt aber dem historischen Drama treu, verzichtet auf die Versform und verlegt sich ganz auf die Gattung des Melodramas, das die verwickelte Intrige bevorzugt und auf psychologische Feinheiten verzichtet. All dies mag den Erfolg bei einem eher nichtbürgerlichen Publikum erklären. Die positive Aufnahme macht auch Hugos außerordentlich optimistisches Vorwort vom Februar 1833 verständlich. *Das Theater hat […] in unseren Tagen eine ungeheure Bedeutung, die mit der Zivilisation selbst noch weiter zunimmt. Das Theater ist eine Tribüne. Das Theater ist eine Kanzel. […] Der Autor dieses Dramas weiß, welch große und ernsthafte Sache das Theater ist. Er weiß, daß das Drama, ohne aus den unparteilichen Grenzen der Kunst herauszutreten, eine nationale, eine soziale und eine humane Mission hat.*[29]

Wollte man hieraus schließen, daß Hugo nun ein moralisierendes und didaktisches Theater vertritt, so wäre dies eine folgenschwere Fehleinschätzung. Es handelt sich vielmehr um eine langfristige Perspektive. Das Stück selbst (1835 von Georg Büchner übersetzt) entspricht kaum einer solchen Konzeption. Es ist eher auf eine effektvolle Intrige angelegt, obzwar im Doppelcharakter der Titelheldin, die zugleich aus niederen und erhabenen Motiven handelt, wiederum Elemente der widersprüchlichen Sicht Hugos von der menschlichen Natur enthalten sind.

Offensichtlich hat ihn der Erfolg dieses Stückes dazu ermutigt, im gleichen Genre fortzufahren. Im November 1833 wird im Théâtre de la Renaissance das Stück *Marie Tudor*, im April 1834 das Drama *Angelo, tyran de Padoue* in der Comédie Française uraufgeführt. In beiden Fällen handelt es sich um historische Melodramen in Prosa. Die Handlung des einen spielt Mitte des 16. Jahrhunderts in London, die des anderen etwa zur selben Zeit in Italien. Alle Elemente der vorausgehenden Stücke finden sich hier wieder: sowohl die Intrigen (Maskierung, Verwechslung etc.) als auch die Charaktere und ihre soziale Herkunft. Figuren aus den unteren Klassen wie der Arbeiter Gilbert in *Marie Tudor* und die Schauspielerin La Tisbe in *Angelo* tragen das Geschehen. Ein thematisches Element, das schon in *Lucrèce Borgia* auftaucht, spielt zusehends eine bedeutsamere Rolle: die Situation der Frau, *die Frau in der Gesellschaft, die Frau außerhalb der Gesellschaft,* wie es im Vorwort zu *Angelo* heißt. Beide Stücke sind Bühnenerfolge, nicht zuletzt aufgrund der Tatsache, daß in den Hauptrollen herausragende Schauspieler und Schauspielerinnen der damaligen Zeit auftreten. Dies mag auch die Presserezensenten milde gestimmt haben, die nun sehr viel freundlicher mit dem Autor umgehen.

So sehr Hugo ein volkstümliches Publikum ansprechen, ja bilden will, so wenig kann doch das Genre des Melodramas langfristig seinen Intentionen entsprechen. Daher erklärt es sich, daß er einige Jahre später mit *Ruy Blas* zum Versdrama zurückkehrt. Die Uraufführung findet am 8. November 1838 im Théâtre de la Renaissance statt. Obwohl die schauspielerische Besetzung hervorragend ist und sich das Publikum wohlgesonnen zeigt, beginnt erneut eine Pressekampagne gegen den Autor. Selbst liberale Zeitungen wie «Le National» bekunden ihre Ablehnung. Was man bei einem Volksstück vielleicht noch akzeptieren könnte, will man einem ‹hohen› Drama nicht konzedieren: daß ein Lakai zum Minister aufsteigt und zum Geliebten einer Königin wird. Gewiß, er scheitert am Ende und muß mit seinem Leben bezahlen, aber welche Lektion für die Herrschenden! Hugo hat wiederum eine historische Phase des Übergangs gewählt, dieses Mal Spanien um 1700, eine Epoche des Niedergangs und des gesellschaftlichen Verfalls. Der Autor führt einen Adel vor, der ausschließlich danach trachtet, auf Kosten der Nation seinen eigenen Reichtum zu mehren. Dies ist das Bild, das Ruy Blas in seiner Rede an die Granden von der Situation des Landes entwirft (Akt III, Szene 2), ein Bild nicht nur, sondern ein Plädoyer der Anklage. Als To-

Zeichnung von Victor Hugo zu »Ruy Blas«. Paris, Musée Victor Hugo

tengräber und Leichenfledderer demaskiert er die Adligen, konstatiert den Zerfall der Gesellschaft in zwei antagonistische Lager *(die eine Hälfte Madrids plündert die andere aus)* und prophezeit den Untergang Spaniens. Diese Szene vor allem hat das bürgerliche Publikum und die konservativ-liberale Presse schockiert und provoziert. Der Grund ist leicht einzusehen: Obwohl Ruy Blas, ähnlich wie Beaumarchais' Figaro, jede direkte Anspielung auf die französischen Zustände vermeidet, ist unverkennbar, daß hier ein Bild der Gesellschaft der Julimonarchie gezeichnet wird, eines Systems, das sich im Lauf der dreißiger Jahre immer unverhüllter als ein Herrschaftssystem darstellt, das die dominante Finanzaristokratie wie ein Privatunternehmen zu Lasten der Bevölkerungsmehrheit betreibt. Man mag auch an manche Lithographien von Daumier denken (zum Beispiel «Der gesetzgebende Bauch»). Wie wichtig Hugo diese Szene ist, läßt sich daran ablesen, daß er in seinem Vorwort vom November 1838 die ganze Rede seines Helden noch einmal in Prosa nacherzählt und sie damit als Schwerpunkt der Handlung herausstellt. Allerdings fügt er einen Gedanken hinzu, der im Stück selbst nicht so deutlich zum Ausdruck kommt: *Man sieht, wie sich im Schatten etwas Großes, Finsteres und Unbekanntes regt. Das ist das Volk. Das Volk, das die Zukunft und nicht die Gegenwart hat; das Volk, ein Waisenkind, das arm, klug und stark ist; ganz unten angesiedelt und nach ganz oben strebend; […] das Volk, das wäre dann Ruy Blas.*[30]

Die zeitgenössische Kritik hat gespürt, daß insbesondere dieses Stück, aber auch alle anderen Dramen Hugos der dreißiger Jahre, einen letztlich subversiven Gehalt haben, mißt man sie an der Ideologie der Bürgermonarchie. Dabei ging es nicht allein um Inhalte, es ging auch um die dramatischen Formen, um ästhetische Prinzipien, um die Art und Weise, wie die Bühne materiell zu organisieren sei. Alle Aspekte greifen ineinander, aber sie machen immer nur eines deutlich: Hugo schwebt ein Theater vor, das zu verwirklichen ihm seine Epoche nicht die Möglichkeit gibt. Gewiß, das Publikum ebenso wie die Kritik optiert für das historische Drama als Heldendrama, keineswegs jedoch so, wie Hugo es praktiziert. Nicht ohne Heuchelei wirft ihm die Presse vor, er sei unfähig, zeitgenössische Sujets auf die Bühne zu bringen. Dieser Weg ist ihm versperrt, es sei denn, er hielte sich an die ideologischen Vorgaben seines Publikums. Eine kritische Darstellung der Gegenwart ist nur im Spiegel historischer Themen möglich.

Hugos Kampf um ein neues Theater trägt selbst dramatische und letztlich tragische Züge. Er macht deutlich, daß das Gelingen eines literarischen Kunstwerks nicht allein von der Kreativität eines Genies abhängt, sich vielmehr einer gemeinsamen Anstrengung von Autor und Publikum verdankt. Und Hugos Scheitern ist nicht nur individuelles, sondern epochentypisches Scheitern. Ganz ähnliche Erfahrungen muß ein Musset machen. Auch er resigniert und geht den Weg des Lesedramas.

Noch einmal wird Hugo den Versuch wagen, das romantische Drama zu etablieren: im Jahr 1843 mit dem Stück *Les burgraves (Die Burggrafen)*. Wichtiger als die Handlung selbst ist hier die Abfolge historischer Bilder, die auf das frühe 13. Jahrhundert zurückgehen. Hugo hat sich von der zum Mythos gewordenen Geschichte des Römischen Reichs Deutscher Nation inspirieren lassen, doch auch hier finden wir eines seiner Lieblingsthemen wieder: Es ist eine Zeit der Krise und des Niedergangs. Der glorreiche Kaiser Barbarossa steht einem korrupten und dekadenten Raubrittertum gegenüber. Die Barbarossa-Legende läßt die Umrisse des Napoleon-Mythos erkennen, vor allem jedoch träumt Hugo, indem er zu den Wurzeln des abendländischen Kaisertums zurückkehrt, von einer europäischen Nationalität, in der die Konflikte der modernen Nationen aufgehoben werden könnten. Das Drama ist ein Mißerfolg, das Publikum zieht gar ein völlig unbedeutendes, aber klassizistischen Vorstellungen entsprechendes Stück, «Lucrèce» von François Ponsard, vor. Hugo bricht seine Arbeit für die Bühne ab, und dies mutet an wie ein Eingeständnis des Scheiterns; erst in den späten sechziger Jahren wird er – unter ganz anderen Voraussetzungen – zum Drama zurückkehren.

Sein Kampf um die Eroberung der Bühne darf jedoch nicht die Tatsache verdecken, daß er in den dreißiger Jahren der repräsentative Lyriker seiner Generation ist. Vier große Lyriksammlungen publiziert er in diesem Jahrzehnt: *Les feuilles d'automne* (*Herbstblätter*, 1831), *Les chants du crépuscule* (*Gesänge der Dämmerung*, 1835), *Les voix intérieures* (*Innere*

Stimmen, 1837) und *Les rayons et les ombres* (*Lichtstrahlen und Schatten*, 1840). Schon die Titel muten wie romantische Metaphern an. Hugo gelingt es, anders als etwa Lamartine, Vigny und Sainte-Beuve, alle Themen der Lyrik seiner Zeit in ihren unterschiedlichen Aspekten zu großen Synthesen zusammenzuführen. Will man sich über den Bewußtseinsstand des Autors und seiner Zeitgenossen informieren, so gibt es keinen besseren Seismographen als seine Gedichte. Er verwirklicht die seit Madame de Staël als gültig akzeptierte Auffassung, die Lyrik spreche im Unterschied zu den anderen Gattungen im Namen des Autors selbst. Freilich darf daraus nicht die irrige Konsequenz gezogen werden, die Gedichte seien biographische Dokumente im strengen Sinne, auch wenn der Autor dies immer wieder suggeriert. Das lyrische Ich ist eine fiktive Gestalt des Autors und darüber hinaus der textimmanente Repräsentant eines sozialen Rollenträgers.

Wenn nun die Titel der vier Lyriksammlungen vor allem auf romantisches Naturverständnis hinzudeuten scheinen, so ist dies nur ein Aspekt der Hugoschen Dichtung. Drei große Themenbereiche stehen nebeneinander und sind zugleich miteinander verknüpft: eine geschichtsphilosophische, auf die Auseinandersetzung mit der politischen und gesellschaftlichen Realität der Zeit ausgerichtete Problematik; eine religiös-metaphysische Fragestellung, die die widersprüchliche Situation des Menschen in der Schöpfung thematisiert; und schließlich eine intimfamiliäre Perspektive, die die privaten und individuellen Probleme des Autors sichtbar macht.

Ohne Zweifel vermag diese Lyrik die Gefühle der Leser sehr viel direkter und auch überzeugender anzusprechen als seine Gedichte der zwanziger Jahre. Man spürt, daß hier keine rhetorischen Anpassungsübungen mehr unternommen werden, vielmehr ein Ich sich ausspricht, das individuelle und kollektive Erfahrungen zutiefst verunsichert haben. Schon die Titel der beiden ersten Sammlungen deuten metaphorisch an, daß eine Zeit zu Ende gegangen ist, Abschied und Trauer unerläßlich sind und alte Gewißheiten keine Gültigkeit mehr haben. *Alle gesellschaftlichen Lösungen sind wieder in Frage gestellt,* heißt es im Vorwort zu *Les feuilles d'automne*.[31] Und im Vorwort zu *Les chants du crépuscule* betont der Autor, daß sich gegenwärtig *alles, in der Gesellschaft wie im Individuum, in einem Dämmerzustand* befinde, das heißt in der Ungewißheit darüber, ob die Abendstimmung den nahenden Untergang ankündigt oder zugleich eine Morgendämmerung erwarten läßt.[32] Es ist nicht nur die Julirevolution, es sind vielmehr die zahlreichen Volksaufstände der dreißiger Jahre, die dieses Gefühl einer drohenden politisch-gesellschaftlichen Apokalypse aufkommen lassen. Seit seine monarchistischen Überzeugungen zerbrochen sind, ist Hugo auf der Suche nach einer neuen Legitimation politischer Herrschaft. Da er das Volk, das heißt die unteren Klassen, noch nicht für reif erachtet, die Macht zu übernehmen, setzt er zeitweilig auf die Wiederkehr des Kaiserreichs. Diese Hoffnung zerschlägt sich mit dem Tod des Herzogs von Reichstadt, des einzigen Sohns Napoleons (vgl. das Gedicht *Napoléon II)*. Im Unterschied zu den liberalen Autoren (wie etwa Casimir Delavigne) vertritt er jedoch keineswegs die Ansicht, daß die Epoche der Revolutionen beendet sei.

Eine solche Haltung nimmt in seinen Gedichten die Form einer geschichtsphilosophischen Rêverie an. Zahlreiche Texte – vor allem in den ersten beiden Gedichtsammlungen – gehen von konkreten Ereignissen aus, um in einer umfassenden Meditation die visionäre Erinnerung an die revolutionäre Tradition mit der prophetischen Ankündigung nahender Umwälzungen zu verbinden. Es sind Appelle und Warnungen an die Herrschenden und Besitzenden: Sie sind zum Untergang verurteilt wie einst der Adel des Ancien Régime, wenn sie sich nicht ihrer gesellschaftlichen Verantwortung bewußt werden. Denn die «Barbaren», die Elenden und Ausgestoßenen werden Gericht halten, und da hilft keine Repression mehr.

Der Dichter, dies wird immer deutlicher, versucht sich als eine gegenüber den Herrschenden unabhängige moralische Instanz zu etablieren. Schon in den Vorworten zu den beiden ersten Gedichtsammlungen betont der Autor seine Unparteilichkeit und Unabhängigkeit, in den folgenden tritt dieses Bemühen noch deutlicher zutage. Die Dichtung oder allgemeiner die Kunst ist die einzige gesellschaftliche Macht, der es gelingen kann, zum Abbau der aggressiven und destruktiven Kräfte beizutragen, gerade hierin liegt ihre zivilisatorische Aufgabe. Damit wird sie auch in besonderer Weise zum Organ des gesellschaftlichen Fortschritts. Obwohl Hugo die religiös gefärbte Sprache der Romantik benutzt, greift er im Grunde auf das Modell der Aufklärung zurück. Ein solches Selbstverständnis scheint auch der Anlaß für neuen Optimismus zu sein. Das Einleitungsgedicht zu *Lichtstrahlen und Schatten* mit dem Titel *Fonction du poète (Funktion des Dichters)* bringt diese Konzeption adäquat zum Ausdruck. Der Künstler ist der Mann der Utopie, der, zwischen Ideal und Wirklichkeit vermittelnd, die Zeitgenossen auf gesellschaftliche Alternativen vorbereitet.

Auch in religiös-metaphysischer Hinsicht dokumentieren die Gedichtsammlungen der dreißiger Jahre eher den Zweifel und die Ungewißheiten des Autors als festgefügte Ansichten. Der traditionalistische Katholizismus, wie er sich in seiner frühen Lyrik darstellte, ließ von vornherein eher plakatives Bemühen um Anpassung erkennen als aufrichtige Überzeugung. Zahlreiche Gedichte gestalten nun ein bislang nicht gekanntes Gefühl der existentiellen Bedrohung. Die poetische Fähigkeit zur Vision ruft kein Glücksgefühl hervor, sondern eher ein Trauma des möglichen

Absturzes in einen bodenlosen Abgrund. Eines der gelungensten Zeugnisse solchen Lebensgefühls ist das Gedicht *Pente de la rêverie.*[33] Das lyrische Ich, das sich der visionären Imagination hingibt, weil dies seinem Wesen entspricht, endet schließlich im Nichts: *Mein Geist tauchte ein in die unbekannte Flut / allein und bloß schwamm er zur Tiefe des Abgrunds / vom Unaussprechlichen sich stets zum Unsichtbaren bewegend. / Plötzlich wich er zurück mit einem Schreckensschrei / geblendet, hastend, irr, entsetzt / denn er hatte auf dem Grund die Ewigkeit gefunden.* Was die Sprache hier in ihrer Metaphorik als eine Art Unio mystica mit dem Absoluten zu kennzeichnen scheint, ist in Wirklichkeit eher ein entsetztes Zurückweichen vor dem Unendlichen und ein Zurückgeworfenwerden auf die eigene Endlichkeit. In den Gedichten dieses Typs entwirft der Autor ein ganzes Feld neuer poetischer Bilder, die bislang in der romantischen Lyrik Frankreichs zumindest in dieser Fülle noch nicht existiert haben.

Die innere Spannung der Gedichte drängt auf eine Lösung, die bei Hugo jedoch keine atheistische sein wird, sondern die resignative Einsicht, daß dem Menschen der Zugang zu den Geheimnissen des Kosmos verschlossen bleiben muß, weil ihn *zuviel Licht nur blenden würde.* Es fällt auf, daß sich eine große Anzahl von Texten an Dichter und Künstler wendet, an Zeitgenossen ebenso wie an historische Gestalten. Schließlich schafft sich der Autor sein eigenes Pseudonym oder besser: eine Figur seiner selbst in der Gestalt des Olympio. Der Künstler übernimmt in dieser Perspektive eine Art Stellvertreterrolle für die Menschheit, er ist fast ein neuer Christus, der die Konflikte der Zeitgenossen, die politisch-sozialen ebenso wie die existentiell-religiösen stellvertretend austrägt.

Diese Rahmenkonstruktion umfaßt auch jene Thematik, von der bislang noch nicht gesprochen worden ist, nämlich die privat-familiäre Dimension. Das «Intime», wie man damals in Frankreich sagt, ist zwar schon in der Lyrik Lamartines und Sainte-Beuves präsent, Hugo aber betont es in ganz besonderer Weise. Dies hängt gewiß mit einer bürgerlichen Lebensauffassung zusammen, für die das Individuelle und Private ein entscheidender Faktor des Gelingens zwischenmenschlicher Beziehungen ist. Allerdings darf hier nicht vergessen werden, daß der autobiographische Aspekt eine Konstruktion «coram publico», das heißt selbst eine Dimension dieser Öffentlichkeit ist. Unleugbar ist Hugos Bemühen, sich poetisch eine Biographie zuzulegen, die seinem eigenen Ich-Ideal entspricht. Der nächste Schritt ist die idyllisierende Darstellung eines intakten und glücklichen bürgerlichen Familienlebens. Mit Wohlgefallen blickt der Dichter auf seine Kinder, und es versteht sich, daß die Mutter ganz der für sie bestimmten Rolle entspricht und dieses Tableau gleichsam vollendet.[34] Soviel Harmonie muß aufhorchen lassen, und der Leser mag sich fragen, ob hier nicht ein Wunschbild des Dichters entworfen

Victor Hugo
mit dem Sohn
François-Victor.
Lithographie von
Auguste de Châtillon
nach einem Gemälde
von 1836.
Paris, Musée
Victor Hugo

wird, an das er sich klammert, während die Realität schon anders aussieht. Entspricht er vielleicht einem Rollenzwang angesichts einer Leserschaft, die eine solche Darstellung wünscht, weil sie sich in ihr aufs angenehmste gespiegelt sehen kann? Erste Brüche und Risse dieses Genretableaus treten zutage in einem Gedicht wie *O toi qui si longtemps vis luire*. Der Erinnerung an vergangenes Glück steht die Erkenntnis gegenüber, daß der *Schatten unseren Himmel bedeckt*. Ein anderer Text versucht die Vergänglichkeit der Gefühle vor dem Hintergrund des Alterns und der Endlichkeit des menschlichen Lebens zu erklären.[35]

Das Gedicht mit dem Motto *Wer nicht liebt, lebt nicht* erinnert an jenes höchste Glück, *ein Herz ohne Vorbehalt und ohne Schleier zu besitzen*. Es ist verdeckte, sublimierte Trauer über den Verlust einer geliebten Person, über die Zerstörung einer Beziehung. Sehr diskret und in allgemeiner Form wird hier auf eine private Tragödie angespielt. Dies mag

Adèle Hugo mit dem Sohn Charles, um 1827. Zeichnung von Achille Devéria. Paris, Musée Victor Hugo

erklären, warum der Dichter neuer Bezugspersonen bedarf, der Künstler ebenso wie der Freunde, um sie zu Zeugen seines eigenen Leidens zu machen. Schon bald allerdings tauchen Liebesgedichte auf, die sich an eine Person richten, die nicht mit jener Frau identisch ist, deren Verlust er zuvor beklagt hat.[36] Diese Serie setzt sich in den beiden nachfolgenden Gedichtsammlungen fort.[37] Es sind Gedichte einer «vita nuova», die das lyrische Ich zu einem neuen Anfang inspirieren, zu einem Leben, das nicht selten im Rahmen einer Naturidylle dargestellt wird. Auch diese privaten Erfahrungen, die negativen ebenso wie die positiven, erklären den eigentümlichen Dämmerzustand dieser Lyrik, insofern Altes untergeht und Neues beginnt.

Wie diskret und mystifizierend der Autor seine persönlichen Erfahrungen gestalten mag, sie haben die Dimensionen einer Tragödie, selbst wenn an ihrem Ende nicht eine Katastrophe, sondern eine glückliche Lösung steht. Da diese Ereignisse für Hugos weiteres Leben von entscheidender Bedeutung sind, sollen sie hier ausführlicher dargestellt werden.

Die Anfänge sind nicht leicht zu datieren. Sainte-Beuve – und um ihn geht es als dritte Person in diesem Beziehungskonflikt – ist Hugo seit 1827 freundschaftlich verbunden. Eine Rezension des Gedichtbandes *Odes et ballades* in «Le Globe» weist ihn als Bewunderer Hugos aus, für dessen Dichtung er dezidiert eintritt. Sainte-Beuve spielt keine unbedeutende Rolle bei der Ablösung Hugos von der restaurativen Monarchie und seiner Annäherung an die liberal gesinnten Romantiker. Beide sind jedoch völlig unterschiedlich geartete Charaktere, was sich zum Teil aus ihrer Herkunft erklären mag. Anders als Hugo entstammt Sainte-Beuve ärmlichen kleinbürgerlichen Verhältnissen. Intelligent, aber mittellos, ist er schon frühzeitig auf das Wohlwollen von Geldgebern angewiesen, um seine Ausbildung zu finanzieren. Die Angst vor dem Scheitern muß eines seiner Grundgefühle gewesen sein. Hinzu kommt, daß seine äußere Erscheinung nicht unbedingt Bewunderung erregt. Sehr bald muß er auch als Autor erkennen, daß sein Platz nicht in der vordersten Reihe ist. Obwohl er sich als Lyriker und Romancier nicht gänzlich ohne Erfolg versucht, ist seine eigentliche Leistung in der Literaturkritik zu suchen. Seine «Montagsartikel» («Les Lundis») setzen Maßstäbe und sind gefürchtet. Er gilt schließlich als der romantische Literaturkritiker schlechthin.

Sainte-Beuve ist Nachbar der Familie Hugo in der Rue de Vaugirard und zählt auch in der Rue Notre-Dame-des-Champs zu den regelmäßigen Besuchern und Freunden des Hauses. Im Laufe des Jahres 1829 muß sich in seinem Verhältnis zu Madame Hugo etwas geändert haben. Noch spielt er ganz die Rolle des Unglücklichen, des Außenstehenden, der indirekt an das Mitleid und die Sympathie Adèles appelliert. «Immer bin ich unruhig, weil ich leer bin, kein Ziel habe; [...] wie Kinder suche ich außerhalb meiner selbst, was nur aus mir kommen kann.»[38] Hugo, dem dieser Brief nicht unbekannt bleibt, läßt seine Frau antworten und erweckt damit zum erstenmal den Eindruck, daß er mitspielt. Der Neujahrstag des Jahres 1830 leitet den ersten Akt des Dramas ein. Sainte-Beuve trägt den Hugos sein Vorwort zum Gedichtband «Les consolations» («Die Tröstungen») vor, das in einigen Passagen eine mehr oder weniger verhüllte Huldigung an Adèle durchscheinen läßt. Einige Gedichte des Bandes sind ihr zudem gewidmet. Begünstigt wird die Annäherung zwischen Adèle und Sainte-Beuve durch die familiäre Situation der Hugos. Die fünfte Schwangerschaft Adèles verläuft schwierig und trägt wohl nicht wenig zur Entfremdung zwischen den Ehepartnern bei. Gleichzeitig verfolgt Hugo geradezu monomanisch seine literarischen Projekte. Spätestens im Frühjahr 1830 ist sich Sainte-Beuve seiner Liebe zu Adèle bewußt. Hypothese aber muß die Vermutung bleiben, zu diesem Zeit-

Charles-Augustin Sainte-Beuve. Kupferstich von Demary

punkt habe er Hugo seine Gefühle offenbart. Eine entsprechende Szene aus seinem autobiographischen Roman «Volupté» läßt sich kaum als Beweis anführen. Noch immer spielt er die Rolle des Ausgeschlossenen und Unglücklichen, während Hugo ihn ermutigt, die Kontakte zur Familie zu pflegen. So wird er zum Taufpaten der im Juli 1830 geborenen Tochter Adèle. Gegen Ende des Jahres kühlt sich die freundschaftliche Beziehung zwischen den beiden Männern ab, die nun Rivalen geworden sind. Sainte-Beuve fühlt sich von Hugo überwacht, und er verweigert weitere Besuche im Hause, obwohl Hugo insistiert: *Kommen Sie uns besuchen.*

Doch Sainte-Beuve ist durchaus nicht zum Verzicht bereit. Ja, er scheint aktiv dazu beizutragen, daß seine Beziehung zu Madame Hugo unter Freunden und Bekannten publik wird. Im März 1831 deutet sich der Bruch zwischen den Autoren an. *Ich glaube nicht,* schreibt Victor, *ich muß es Ihnen sagen, daß das, was zwischen uns geschehen ist, was wir beide allein auf der Welt wissen, jemals vergessen werden könnte. Sie müssen sich daran erinnern, was zwischen uns geschehen ist in dem schmerzlichsten Augenblick meines Lebens, in einem Augenblick, da ich zwischen ihr und Ihnen wählen mußte. Erinnern Sie sich daran, was ich Ihnen gesagt habe, was ich Ihnen angeboten habe, was ich Ihnen vorgeschlagen habe, wie Sie wissen, mit dem festen Entschluß, mein Versprechen zu halten und zu handeln, wie Sie es möchten.*[39] Erbost macht Sainte-Beuve Randnotizen zu diesem Brief. «Falsch. [...] Er hat mich belogen in demselben Augenblick. Er hat ein doppeltes Spiel gespielt.»[40] Es ist ein Duell zwischen Rivalen, die beide nicht offen kämpfen. Jeder scheint den anderen an Großmütigkeit überbieten zu wollen, und doch geht es für beide um alles. Der Inhalt des Briefes läßt vermuten, daß für Hugo die Beziehung zwischen Adèle und Sainte-Beuve zu diesem Zeitpunkt schon kein Geheimnis mehr ist, und darüber hinaus, daß auch Adèle dies weiß und offensichtlich aus ihrer Zuneigung zu Sainte-Beuve keinen Hehl mehr macht. Wie intim dieses Verhältnis ist, darüber lassen sich nur Vermutungen anstellen.[41] Hugos Biographen haben seit dem 19. Jahrhundert wohl allzu leichtfertig aus den Gedichten und Romanen Sainte-Beuves[42] die Geschichte dieser Liebesbeziehung ablesen wollen, bis hin zu der Vermutung, die im Juli 1830 geborene Tochter Adèle sei in Wirklichkeit die Tochter von Sainte-Beuve. Richtig ist, daß sich Hugos Ehefrau und ihr Liebhaber bis in die Mitte der dreißiger Jahre immer wieder heimlich treffen. Es mag sein, daß Adèle ihrerseits darum bemüht ist, die Rivalen gegeneinander auszuspielen. Sie scheint weder bereit zu sein, den ehelichen Pflichten wie früher nachzukommen, noch die Hoffnung auf eine Versöhnung zwischen den beiden Männern aufzugeben. Wie sehr Hugo unter dem Scheitern seiner Ehe gelitten hat, ist kaum auszumachen. André Maurois zitiert als Beweis seiner Verzweiflung eine Notiz des Autors, die sich allerdings nicht genau datieren läßt: *Weh dem, der liebt, ohne geliebt zu werden! Welch entsetzliche Angelegenheit! Sieh, diese Frau! Es ist ein entzückendes Wesen. Sie ist sanft, weiß und rein; sie ist die Freude und die Liebe des Hauses. Aber sie liebt dich nicht. Sie haßt dich auch nicht. Sie liebt dich nicht, das ist alles. Ergründe, wenn du es wagst, die Tiefe einer solchen Verzweiflung. Schau sie an; sie versteht dich nicht; sprich mit ihr, sie hört dich nicht. [...] Du liebst sie, ach, du bist verloren.*[43]

Die Ehe jedoch wird nicht aufgelöst. Adèle erfüllt korrekt ihre Pflichten als Hausfrau und Mutter und zeichnet verantwortlich für die gesellschaftlichen Verpflichtungen des Hugoschen Salons an der Place des Vosges. Dieses Arrangement, mag es nun ausgehandelt worden sein oder nicht, rettet den Zusammenhalt der Familie Hugo bis zum Tode Adèles 1867. In Fragen der Liebe und der Sexualität allerdings fühlt sich Victor von nun an nicht mehr an sein Ehegelöbnis gebunden, und Adèle scheint ihm alle Freiheiten zuzugestehen.

Nicht lange dauert es, bis für Hugo ein neues Leben beginnt. Aus Anlaß der Aufführung seines Stückes *Lucrèce Borgia* lernt er 1833 die Schauspielerin Juliette Drouet kennen. Sie ist die Geliebte des Bildhauers James Pradier gewesen, für den sie Modell gestanden hat. Nicht unbedingt einen bürgerlichen Lebensstil hat sie bis zu dem Tag geführt, an dem Hugo auf sie aufmerksam wird und sich in sie verliebt. Sie ist in Bühnenstücken auf-

Juliette Drouet, 1832.
Lithographie von
Alphonse-Léon Noël

getreten, hat sich aber stets mit Nebenrollen zufriedengeben müssen. Hugo scheint entschlossen, aus der schönen Frau eine Dame zu machen, die höchsten gesellschaftlichen Ansprüchen genügt. Am Karnevalssamstag des Jahres 1833 verbringen sie ihre erste gemeinsame Nacht. Und sie werden dieses Datum jedes Jahr wie einen Jubiläumstag feiern. Acht Jahre später schreibt Hugo ihr: *Nichts, nicht einmal der Tod, dessen bin ich sicher, wird in mir diese Erinnerung auslöschen. […] Vergiß niemals, mein Engel, diese geheimnisvolle Stunde, die Dein Leben verwandelt hat. Jene Nacht des 17. Februar war ein Symbol. […] In jener Nacht hast Du den Tumult, den Lärm, den falschen Glanz, die Menge draußen fern von Dir gelassen, um in das Geheimnis einzutreten, in die Einsamkeit und in die Liebe.*[44] Dieser Brief legt Zeugnis davon ab, wie sehr Hugo darum bemüht ist, seine Geliebte zu erziehen und gleichsam zu rehabilitieren. Er bezahlt ihre Schulden, kommt für ihren Unterhalt auf und macht sie, nachdem ihm klargeworden ist, daß ihr als Schauspielerin keine Karriere bevorsteht, zu seiner Privatsekretärin. Die Familie akzeptiert sie zwar als «tante Juliette», doch der Zugang zum gesellschaftlichen Leben im Salon der Hugos bleibt ihr verschlossen, und so wird sie das Gefühl, ausgegrenzt zu sein, nie verlieren. Ihre gemeinsamen Unternehmungen mit Hugo finden im wesentlichen in der Urlaubszeit statt, wenn Adèle mit den Kindern das Feriendomizil der Familie aufsucht. Juliette wird eine exemplarische Geliebte, sie ist zu großen Opfern bereit, die erotischen Abenteuer Victors werden allerdings für sie eine Belastung sein, bis sie am Ende resigniert. Gleichwohl entwickelt sich eine eheähnliche Beziehung, die alle Stürme überdauert bis zum Tode Juliettes im Jahr 1883. Im Februar dieses Jahres schreibt ihr der Einundachtzigjährige: *Ich liebe Dich. Fünfzig Jahre Liebe, das ist die schönste Ehe.*[45]

Zu Beginn der vierziger Jahre tritt im literarischen Schaffen Hugos wie in der Entwicklung der französischen Romantik allgemein ein gewisser Stillstand ein. Das innovative Potential der ersten romantischen Generation scheint verbraucht. In der Lyrik führen von nun an jene das Wort, die, wie Gautier und Musset, das L'art-pour-l'art-Prinzip vertreten. Nicht in der gesellschaftlichen Nützlichkeit liegen Wert und Bedeutung der Kunst, sondern in der Tatsache, daß alles Schöne nutzlos ist. Auch in der Erzählliteratur treten neue Tendenzen auf. George Sand mit ihren Sozialromanen und Eugène Sue mit seinen großangelegten Feuilletonromanen rücken die soziale Frage ins Zentrum ihrer Werke und plädieren offen für gesellschaftliche Veränderungen. Damit ist Autoren wie Hugo gleichsam die Meinungsführerschaft entzogen, und es wird einige Zeit dauern, bis sie wieder Anschluß an die avanciertesten Positionen finden. Im Schaffen Hugos bleibt das gesamte Jahrzehnt zwischen 1840 und 1850 eine Epoche ohne Publikation großer literarischer Werke. Das Scheitern des Stückes *Les burgraves* (1843) bestätigt nur, was schon ab 1840 zutage getreten ist. Gedichte und Erzählwerke, die er in diesen Jahren konzipiert, werden erst in der Zeit des Exils vollendet. Die schöpferische Krise, von der man vielleicht sprechen kann, ist nicht allein damit zu erklären, daß Hugo zu diesem Zeitpunkt auch rein quantitativ gesehen ein Œuvre aufzuweisen hat wie kein zweiter Autor seiner Epoche. Nun muß er sich auf die Suche nach neuen Lösungen – literarischen wie gesellschaftlichen – begeben, wenn er sich nicht endlos selbst imitieren will.

Zunächst allerdings scheint er mehr darum bemüht, einflußreiche gesellschaftliche Positionen zu besetzen, die seine künftige Karriere absichern können, vielleicht nicht zuletzt auch aus finanziellen Erwägungen, muß er doch nun für zwei Haushalte aufkommen. In Geldfragen ist Hugo nicht nur ein kleinbürgerlicher Pedant, der peinlich genau alle Ausgaben registriert und überwacht, er versteht es auch, sein Œuvre angemessen zu kapitalisieren. Im Jahr 1840 überläßt er dem Verleger Delloye die Rechte zur Auswertung aller bisher erschienenen Werke für die nächsten zehn Jahre gegen eine Summe von 250000 Francs, wovon 100000 sofort zahlbar sind, ein bis dahin einmaliges Geschäft eines Autors mit seinem Verleger. Hugo weiß seine Interessen zu vertreten, und dies mag auch der Grund dafür sein, daß er Präsident der «Société des gens de lettres» wird, die sich die Wahrung der Autorenrechte zum Ziel gesetzt hat.

Aufnahme Hugos in die Académie Française 1841.
Paris, Musée Victor Hugo

Doch er hat schon längst höhere Ziele. Er möchte Mitglied der Académie Française werden. Seine Beharrlichkeit ist bemerkenswert. Dreimal fällt er bei der Abstimmung durch, ein Votum ist ungültig, erst der fünfte Versuch geht erfolgreich aus. Am 7. Januar 1841 wird er gewählt und am 3. Juni in den Kreis der «Unsterblichen» aufgenommen. Seine Einführungsrede liest sich wie ein Regierungsprogramm, so der Rezensent der «Revue des Deux Mondes». Es ist das Regierungsprogramm einer geistigen Gegenmacht, als die Hugo die Literatur allgemein und die Akademie im besonderen auffassen möchte. Die geistige Gewalt, deren Existenz er statuiert, ist nicht nur als Gegenmacht zur politischen Gewalt zu verstehen, sondern auch als Erbin der Kirche in ihrer Funktion als normenvermittelnde Instanz. Wenn es die Aufgabe der politischen Gewalt sei, das äußere Leben zu regeln, so falle der Akademie die Rolle zu, das innere Leben zu regieren. *Jene machen die Gesetze, Sie machen die Sitten.*[46] Es läßt sich jedoch bezweifeln, ob eine schon damals versteinerte Institution wie die Académie Française in der Lage ist, eine solche kritische Gegengewalt zu repräsentieren. Die zeitgenössische Presse reagiert mit Spott auf dergleichen Prätentionen. «La Mode» etwa stellt ein Kabinett vor, das so aussehen könnte: Ministerpräsident und Kriegsminister: Hugo; Außenminister: Gautier; Finanzminister: Musset; Marineminister: Lamartine.[47]

Die Satire macht kenntlich, worauf die Ambitionen Hugos wohl abzielen: auf ein hohes politisches Amt. Er hat exzellente Beziehungen zum Königshaus, insbesondere zum Thronerben Ferdinand-Philippe und zu seiner Gemahlin Helene, Prinzessin von Mecklenburg-Schwerin. Die Prinzessin ist eine gebildete Frau, die das Werk des Romantikers schätzt und bereit ist, sich an höchster Stelle für ihn zu verwenden. Hugo setzt große Hoffnungen auf den Kronprinzen, den er für einen fortschrittlichen Mann hält und deshalb für fähig erachtet, der Bürgermonarchie Kontinuität und Akzeptanz zu sichern. Doch von seinen Hoffnungen muß er sich verabschieden, als der Prinz 1841 tödlich verunglückt. Entsprechend verzweifelt fällt die Grabrede Hugos anläßlich der Beisetzung aus.

Auf die Gunst des Königs darf er jedoch weiterhin zählen. Im Jahr 1845 wird er von Louis-Philippe in den Adelsstand erhoben und zum Mitglied des Oberhauses ernannt. Er darf nun den Titel tragen: Victor-Marie, Vicomte Hugo, Pair de France. In den Augen der kritischen Zeitgenossen kann diese Auszeichnung nichts anderes bedeuten als die willfährige Integration des Autors in das bestehende System. Das Oberhaus ist keineswegs daran interessiert, einen Beitrag zur Lösung drängender sozialer Konflikte zu leisten und gar die Demokratisierung der Gesellschaft voranzutreiben.

So glanzvoll sich auch Hugos gesellschaftliche Karriere darstellt, sein Privatleben bleibt nicht von Erschütterungen verschont. Es sind Ereignisse, die ihm zugleich bewußtmachen, daß seine individuelle Existenz aufs engste mit dem Interesse der Öffentlichkeit an seiner Person verknüpft ist: Aus einer Pariser Zeitung erfährt er anläßlich einer Reise mit Juliette Drouet durch Südfrankreich und Nordspanien am 9. September 1843, daß seine Tochter Léopoldine durch einen Unfall ums Leben gekommen ist.[48] Zu ihr existierten offensichtlich besonders enge emotio-

Léonie d'Aunet, Mme Biard. Porträt von Charles Saunier (Ausschnitt)

nale Bindungen, und so erklärt es sich, daß er zeit seines Lebens diesen Verlust betrauern wird.

Seinen amourösen Abenteuern nachzugehen, hindert ihn solch tragisches Geschehen jedoch nicht. Eine seiner Kapriolen weitet sich 1845 fast zu einem öffentlichen Skandal aus. Die sexuelle Beziehung zu Juliette scheint zu diesem Zeitpunkt schon weitgehend abgekühlt, und so ist er auf der Suche nach einer neuen Geliebten. Er findet sie in Léonie d'Aunet, Ehefrau des Malers Auguste Biard. Eines Tages – es ist der 5. Juli 1845 – werden die beiden von einem Polizeikommissar auf Veranlassung des Ehemannes in einem Appartement der Passage Saint-Roch in flagranti erwischt, «en conversation criminelle» («in krimineller Unterhaltung»), wie es in der Sprache der Zeit heißt. Léonie wird verhaftet und ins Gefängnis Saint-Lazare überstellt, während Hugo sich auf seine Immunität als Pair de France beruft und in Freiheit bleibt. Am nächsten

Tag berichten die Zeitungen genüßlich von diesem Abenteuer des großen Mannes. Hugos Karriere schadet es nicht. Zwar amüsiert sich ganz Paris über diese Affäre, doch «Frankreich ist elastisch», wie Lamartine ironisch und leicht moralisierend an einen Freund schreibt.[49] Das Opfer in dieser Affäre ist – vom Code Napoléon sanktioniert – die untreue Ehefrau. Sie bleibt zunächst im Gefängnis, wird dann für einige Monate im Kloster der Augustinerinnen interniert, bis die Ehe rechtskräftig aufgelöst wird. Schließlich nimmt sich Madame Hugo ihrer an, protegiert sie und gewährt ihr sogar Einlaß in den Salon an der Place des Vosges.

Fast könnte man angesichts solcher Ereignisse vergessen, daß Hugo sich in diesen vierziger Jahren auch noch als Schriftsteller betätigt. Die großen literarischen Gattungen praktiziert er nicht, statt dessen verlegt er sich auf Grenzformen der Prosa wie den Reisebericht und das Tagebuch. Seine Notizen, die später unter dem Titel *Choses vues (Gesehenes)* publiziert werden, sind Texte sehr unterschiedlicher Art: Skizzen, Dokumente, Porträts und Anekdoten, die sich teilweise unter der Rubrik «Pariser Bilder» zusammenfassen lassen, reportageähnlich notierte Eindrücke eines flanierenden Beobachters, der die Phänomene der Stadt aufnimmt und festhält. Diese Aufzeichnungen sind ein wichtiges Dokument, das Aufschluß gibt über die Bewußtseinslage des Autors in diesen Jahren und insofern auch als eine Art Tagebuch zu bezeichnen ist, das er bis an sein Lebensende fortsetzt.

Die andere Form ist der Reisebericht. Hugo hat ihn selbstverständlich nicht erfunden, viele Romantiker, aber nicht erst sie, lieben dieses Genre, und er ist zudem für die Publikation in der Presse sehr geeignet. Im Falle Hugos kommt vor allem dem Bericht über seine Rheinreisen (1838, 1839 und 1840) Bedeutung zu, der 1842 unter dem Titel *Le Rhin* veröffentlicht wird. Selbst Balzac, der sich selten positiv über Hugo geäußert hat, hält dieses Buch für ein Meisterwerk. Hugo läßt eine erstaunliche Kenntnis germanischer Mythologie und deutscher Geschichte erkennen. Er macht gewissermaßen das französische Publikum mit der Kultur seiner Nachbarn vertraut und folgt damit einem Programm, das schon Germaine de Staël in ihrem Buch «De l'Allemagne» entworfen hat. Das Werk hat aber auch eine ganz aktuelle Bedeutung: Während der sogenannten Rheinreise des Jahres 1840/41 ergreift eine Welle patriotischer Begeisterung die französische Metropole. Mit dem Schlachtruf

«La tour des rats» (Der Binger Mäuseturm). Tuschezeichnung von Victor Hugo zu «Le Rhin», 1840. Paris, Musée Victor Hugo

«Au Rhin! Au Rhin!» wollen die Nationalisten in den Krieg gegen Preußen/Deutschland ziehen. Jenseits des Rheins ist die Reaktion nicht minder heftig, Nikolaus Becker schreibt sein berühmtes Rheinlied «Sie sollen ihn nicht haben, den freien deutschen Rhein», auf das wiederum Alfred de Musset mit einer ironischen Replik antwortet: «Wir haben ihn gehabt, euren deutschen Rhein». Gegen die Mehrheit seiner Landsleute optiert Hugo für ein Bündnis zwischen Frankreich und Deutschland. *Wäre er nicht Franzose, dann möchte er Deutscher sein*, betont er, von sich selbst in der dritten Person sprechend. *Deutschland ist eines jener Länder, die er liebt, und eine jener Nationen, die er bewundert.*[50] In einer langen Konklusion formuliert er diese Gedanken wie ein politisches Programm. Der Zwist zwischen Frankreich und Deutschland bedeute die Auflösung Europas, die Allianz zwischen den beiden Nationen aber die Konstituierung Europas. Gegen die Vorherrschaft der Großmächte im Westen (England) und im Osten (Rußland) gebe es nur ein Mittel, das deutsch-französische Bündnis. Der Rhein wird so zu einem Symbol, das zwei unterschiedliche Zentren europäischer Kultur nicht mehr voneinander trennt, sondern miteinander verbindet. Diese von prophetischer Weitsicht zeugende Konzeption stößt bei seinen Zeitgenossen auf Unverständnis und Ablehnung.

Überhaupt muß Hugo in diesen Jahren immer wieder erfahren, daß er zwischen allen politischen, ideologischen und literarischen Fronten steht. Die Unparteilichkeit, die er für sich reklamiert, läßt sich nicht verwirklichen in einer historischen Situation, die gekennzeichnet ist durch Auseinandersetzungen zwischen antagonistischen Lagern. Zudem gilt er dem revolutionär gesinnten Teil der Öffentlichkeit aufgrund seiner offiziellen Funktionen kaum noch als glaubwürdig. Ironisch spielt die «sozialistische», von Pierre Leroux und George Sand herausgegebene «Revue Indépendante» 1845 auf Hugos Anspruch an, eine Art Priesterkönig der modernen Gesellschaft zu sein. Ihren Spott gießt die Zeitschrift über jene Romantiker aus, die ihre Einsamkeit und das Unverständnis der Zeitgenossen beklagen: «Welche Karriere ist ihrem Genie verschlossen? Zählen sie heute nicht etwa zu unseren Gesetzgebern? Sind sie nicht im Besitz der nationalen Tribüne?» Und der Artikel schließt: «Heute gibt es realeres Elend, für das wir unsere Tränen aufheben müssen.»[51] Exemplarisch ist auch die Auseinandersetzung Hugos mit der Arbeiterzeitung «L'Union» im Jahr 1846: Diese greift den Autor an, weil er die Gründung einer Organisation zur Moralisierung der Arbeiter durch Industrieunternehmer begrüßt hat. Er habe nicht das Recht, in solcher Weise für die Proletarier zu sprechen und sich auch noch selbst als Arbeiter zu bezeichnen. Wenn er sich dieses Titels würdig erweisen wolle, dann müsse er schon entschiedener für seine ‹Brüder› Partei ergreifen.[52]

Gleichwohl: wie schon zwei Jahrzehnte zuvor, so bereitet sich auch in den vierziger Jahren gleichsam untergründig ein Wandel in Hugos Denken vor. Schon 1831 hat er seinem Verlag einen Sozialroman angekündigt. 1834 publiziert er eine Erzählung mit dem Titel *Claude Gueux*, in der er – sich an einer tatsächlich vorgefallenen Geschichte orientierend – den Lebensweg eines Strafgefangenen darstellt, der, weil er Brot für seine hungernde Familie gestohlen hat, zu einer langjährigen Zuchthausstrafe verurteilt wird und schließlich einen Wärter erschlägt, der ihn bewußt erniedrigt hat. Hugos Diktum lautet: Kriminalität ist eine notwendige Folge sozialer Mißstände. Ein Jahrzehnt später nimmt er das gleiche Sujet wieder auf: Es ist die Geschichte eines Sträflings, dem ein Kirchenmann mit seinem Vertrauen den Weg zur gesellschaftlichen Rehabilitierung eröffnet. Das Romanprojekt trägt den Titel *Les misères*. Hugo unterbricht die Arbeit immer wieder und vollendet das Werk erst zu Beginn der sechziger Jahre.

Daß Hugos Aufmerksamkeit gegenüber gesellschaftlichen Veränderungen, seine Wahrnehmungsfähigkeit gegenüber Vorzeichen, die eine nahende Umwälzung ankündigen könnten, zu dieser Zeit keineswegs nachläßt, dies dokumentiert auch eine Tagebuchnotiz vom Januar 1846: Er hat beobachtet, wie zwei Soldaten einen Mann festnehmen, der offensichtlich ein Brot gestohlen hat. Hugo registriert, welchen Blick dieser Mann auf eine Luxuskarosse richtet. Die Notiz schließt mit den Worten: *Es war das Gespenst des Elends, es war – am hellichten Tag – die unförmige, düstere Erscheinung einer Revolution, die noch in die Finsternis eingetaucht ist, aber kommen wird.*[53]

Lehrjahre der Republik (1848–1851)

Die Revolution kommt schneller, als Hugo es vermuten kann. Die Zuspitzung der sozialen Konflikte und der wirtschaftlichen Krise sowie kaum noch abzuweisenden Forderungen nach einer Verfassungsreform, die auf die Einführung des allgemeinen Wahlrechts abzielen, zerstören schließlich die Legitimationsbasis der Julimonarchie. Als dann noch in den Abendstunden des 23. Februar 1848 das Militär auf dem Boulevard des Capucines das Feuer auf Demonstranten eröffnet, ist die Glaubwürdigkeit des Regimes endgültig dahin. Um dem drohenden Chaos zuvorzukommen, proklamiert am nächsten Tag Lamartine, einer der Köpfe der Opposition in der Abgeordnetenkammer, vom Hôtel de Ville aus die Republik. Aus der Tatsache, daß der große Romantiker gleichsam die neue politische Ordnung repräsentiert, werden Kritiker später auf den poetischen, sentimentalen und realitätsfernen Charakter der Februarrevolution schließen. In der Tat haben sich mit keiner Umwälzung seit 1789 so umfassende Hoffnungen und Sehnsüchte verbunden. «Der Traum meines gesamten Lebens verwirklicht sich», schreibt damals George Sand an eine Freundin.[54] Und ein junger, noch unbekannter Autor mit Namen Charles Baudelaire äußert sich in einer Zeitschrift, die den bezeichnenden Titel «Le Salut public» trägt, mit den Worten: «Der 24. Februar ist der größte Tag der Menschheit! Auf den 24. Februar werden die künftigen Generationen die endgültige, unwiderrufliche Machtergreifung des Rechts der Volkssouveränität datieren. Nach dreitausend Jahren Sklaverei ist endlich das Recht in die Welt gekommen, und gegen das Recht wird die Wut der Tyrannen nicht den Sieg davontragen. Französisches Volk, sei stolz auf dich selbst; du bist der Erlöser der Menschheit.»[55] Die Pariser Revolutionäre verstehen sich als eine Avantgarde der Weltrevolution, das Ziel ist nicht allein die Beseitigung des Juliregimes, sondern der Sturz aller Monarchien des Alten Europas sowie die Errichtung einer demokratischen und sozialen Weltrepublik. Die internationale Entwicklung scheint den Franzosen zunächst recht zu geben. Von Rußland über Deutschland und Österreich bis nach Ungarn und Italien erheben sich die Völker, nationale Befreiungsbewegungen proklamieren

Alphonse de Lamartine proklamiert die Republik vor dem Hôtel de Ville in Paris. Gemälde von Félix Henri Philippoteaux. Paris, Musée du Petit Palais

Die demokratische und soziale Weltrepublik.
Allegorische Darstellung. Paris, Musée Carnavalet

zugleich republikanische und sozialrevolutionäre Ziele: das Selbstbestimmungsrecht der Völker, Abschaffung der Sklaverei in den Kolonien, Verwirklichung des allgemeinen Wahlrechts, aber auch die Befreiung der Frau, das Recht auf Arbeit, das heißt letztlich die Lösung der sozialen Frage. Daß diese Ziele schließlich nicht verwirklicht werden, sondern überall die Reaktion siegt, ist wohl weniger dem realitätsfernen Utopismus einer «lyrischen Illusion» von Romantikern anzulasten als vielmehr der Tatsache, daß die Anhänger der Republik selbst gespalten sind in eine bürgerliche Fraktion, die nur moderate Veränderungen befürwortet, und jene, die als Sozialisten zugleich eine neue Gesellschaftsordnung errichten wollen. Schon die provisorische Regierung ist ein Abbild dieser Spaltung: Bürgerlichen Republikanern wie Lamartine und Alexandre Ledru-Rollin stehen Sozialisten wie Louis Blanc gegenüber. Insofern sie nur Repräsentanten ihrer jeweiligen gesellschaftlichen Trägerschichten sind, muß ihre Koalition spätestens in dem Augenblick zerbrechen, da die Konflikte zwischen den verschiedenen Schichten sich als antagonistische Widersprüche zwischen sozialen Klassen enthüllen. Dies geschieht aus Anlaß des Pariser Arbeiteraufstands vom Juni 1848.

Victor Hugo steht den Ereignissen des Februars distanziert gegenüber. Dies dokumentieren nicht zuletzt die Aufzeichnungen, die er über das aufständische Paris macht. Zwar ist er an vielen Orten des Geschehens unter ständiger Lebensgefahr präsent, im Tuilerienpalast ebenso wie im Hôtel de Ville, auf dem Platz der Bastille ebenso wie im Marais-Viertel, aber er sieht sich nicht in der Lage, den Sturz des Juliregimes zu begrüßen und die Proklamation der Republik zu befürworten, zu sehr weiß er sich der Bürgermonarchie und ihrem König verpflichtet. Und noch immer vertritt er die Überzeugung, daß die demokratische Republik zwar die Herrschaftsform der Zukunft sein wird, das Volk aber noch nicht gebildet genug ist, um sich ihrer wirksam zu bedienen. Daher befürwortet er nach der Abdankung von Louis-Philippe den Plan einer Regentschaft der Mutter des Thronfolgers. Doch die Pariser Volksmassen fordern schon längst die Ausrufung der Republik, die Frage ist nur noch, ob dies im Zeichen der roten Fahne geschieht, wie die Arbeiter es wollen, oder aber im Zeichen der Trikolore, die Lamartine zum Symbol des neuen Regimes erklärt. Hugo steht in dieser Frage eher auf seiten Lamartines, dessen Angebot, in die provisorische Regierung einzutreten, lehnt er jedoch ab. Ihm, der so lange eine Stütze der Julimonarchie gewesen sei, komme es nicht zu, in der vordersten Linie das neue Regime zu repräsentieren. Immerhin entspricht er der Bitte Lamartines, das Amt des Bürgermeisters im Marais-Viertel zu übernehmen, einem Viertel, das als eines der unruhigsten der Metropole gilt. Viel bewegen kann er nicht, er versucht zu schlichten, Gewalttätigkeit zu verhindern. Ganz offensichtlich bedarf er einer Zeit der Anpassung an die neuen Zustände, seine politisch-ideologische Position muß sich erst noch herauskristallisieren. Dies ist typisch für ihn, seine Optionen sind selten spontan.

Sehr bald wird deutlich, daß er auf keinen Fall gewillt ist, sich den radikalen Republikanern, den Linken und Sozialisten anzuschließen, wie andere Schriftsteller es tun, etwa George Sand und Eugène Sue. Er zählt vielmehr zu den Gemäßigten, den Konservativen, den, wie man damals sagt, «républicains du lendemain», die im Grunde keine überzeugten Republikaner sind, sich aber am Tag nach der Revolution für die Republik aussprechen. Sie dominieren schon mit einer Zweidrittelmehrheit die aus den Aprilwahlen hervorgegangene verfassunggebende Nationalversammlung. Diese Wahlen sind die erste große Niederlage der Februarrevolutionäre, der bald weitere folgen werden.

Bei Nachwahlen, die im Juni 1848 stattfinden, wird Hugo ins Parlament gewählt. In seinem Aufruf an die Wähler bezieht er die Position eines Gemäßigten. Er unterscheidet zwei Republiken, die eine nennt er *civilisation*, die andere *terreur*. Letztere werde das Eigentum und die Familie zerstören, mit dem Reichtum der einen zugleich die Arbeit der anderen abschaffen, die Freiheit vernichten und Frankreich zum Vaterland der Finsternis machen. Demokratie, Wohlstand und Fortschritt seien nur von der anderen Republik zu erwarten, jener *heiligen Kommunion aller*

Aufstand der Pariser Arbeiter Ende Juni 1848: Barrikadenkämpfe gegen die Nationalgarde

Franzosen.[56] Hugo bedient sich aller Versatzstücke bürgerlich-konservativer Ideologie, er instrumentalisiert die Angst vor dem «roten Gespenst», er beschwört die Terreur von 1793, um sich als einer jener Retter zu profilieren, die allein die Nation vor dem Sturz ins Chaos zu bewahren vermögen.

In der Nationalversammlung ist ihm damit sein Platz zugewiesen. Als sich im Juni die Pariser Arbeiterschaft gegen die Republik erhebt, zählt er zu jenen Kommissaren, die die Niederschlagung des Aufstands im Auftrag des Parlaments zu überwachen haben. Seine Position ist eindeutig: Gegen die Republik, die ihre Legitimation der Volkssouveränität verdankt, ist kein Aufstand gerechtfertigt. Die Demokratie läßt nur demokratische, das heißt gewaltlose, auf Mehrheitsprinzipien beruhende politische Verfahrensweisen zu. Doch was sich ihm auf den Barrikaden darbietet, erweist sich als ein Lehrstück für seine weitere politisch-ideologische Entwicklung. Wie für viele seiner Zeitgenossen, insbesondere die Intellektuellen und Schriftsteller, werden auch für ihn der Juniaufstand und seine Niederschlagung zu einer Art Trauma. Hugo wohnt Szenen bei, die ihn erschüttern und zutiefst verunsichern. Da ist jene junge Frau, die auf die Barrikade steigt und sich den Soldaten entgegenstellt mit den Worten: «Schießt, ihr Feiglinge, wenn ihr es wagt, auf den Bauch einer Frau.» Und die Nationalgardisten schießen die «Elende», wie Hugo kommentiert, nieder. Daraufhin wiederholt sich die Szene. Hugo ist entsetzt über diese Art von Heroismus, aber er glaubt darin zugleich eine ihm bislang unbekannte Kraft zu entdecken. Welch eine Zivilisation, die sich nur mit der Barbarei, der puren Gewalt gegen die Verzweiflung des Volkes verteidigen kann! Sie muß dies tun, das bleibt seine Auffassung, doch sein gesamtes künftiges Werk als Schriftsteller und Politiker wird darauf abzielen, eine Zivilisation zu schaffen, die solche Eruptionen nicht mehr kennt.[57]

Sehr bald ist sich Hugo bewußt, daß die Niederschlagung des Arbeiteraufstands keineswegs das Überleben der demokratischen Verhältnisse zur Folge haben muß. Die Republik sei nur eine Art Tünche, unter der die alte Gesellschaft wieder zum Vorschein komme. Die konservative Mehrheit der Nationalversammlung hat aus Anlaß des Juniaufstands den General Cavaignac mit Exekutivvollmachten ausgestattet, deren Fortschreibung ein diktatorisches Regime befürchten läßt. «Il faut en finir» («Man muß damit Schluß machen») lautet die Devise der sogenannten Partei der Ordnung, und sie richtet sich nicht allein gegen die aufständischen Arbeiter, sondern gegen alle diejenigen, die man verantwortlich machen möchte für die gewalttätigen Auswirkungen der Forderungen nach gesellschaftlichen Reformen. Hugo protestiert im Parlament gegen die weitgehende Abschaffung der Pressefreiheit. Seine Reden sind mutige Plädoyers, doch die Mehrheit will seine Argumente nicht zur Kenntnis nehmen.

Erst im November 1848 wird mit der konservativen Mehrheit des Parlaments die Verfassung der neuen, der Zweiten Republik verabschiedet. Sie beruht auf einer scharfen Trennung zwischen legislativer und exekutiver Gewalt. Der Präsident der Republik wird nun für vier Jahre direkt vom Volk gewählt. Hugo befürchtet, daß dies bei entsprechenden Mehrheitsverhältnissen zu einer Konfrontation zwischen Präsident und Parlament führen könnte. Im übrigen werden Bestrebungen der Linken, soziale Grundrechte wie etwa das Recht auf Arbeit in die Verfassung aufzunehmen, verworfen.

Die erste Präsidentschaftswahl findet am 10. Dezember 1848 statt. Sie endet mit einem Debakel jener Kandidaten, die die Republik im Februar etabliert haben. Lamartine, Ledru-Rollin und Raspail sind die großen Verlierer. Respektabler schneidet sogar noch General Cavaignac ab. Der überragende Sieger jedoch ist Louis Napoléon Bonaparte, der fast eine Dreiviertelmehrheit erringt. Wer ist der neue Präsident, und wie erklärt sich sein Aufstieg? Er ist der Neffe Napoleons I., Sohn des Louis Bonaparte[58], des Königs von Holland, und der Hortense de Beauharnais. Seit dem Tod des Herzogs von Reichstadt betrachtet er sich als legitimen Erben des napoleonischen Hauses. Mit zwei eher dilettantisch ausgeführten Putschversuchen hat er 1836 und 1840 an die Macht kommen wollen. Seit Juni 1848 ist er Abgeordneter der Nationalversammlung. In der Öffentlichkeit gilt er lange Zeit eher als Abenteurer denn als seriöser Politiker und Thronprätendent. Ohne Zweifel hat man ihn unterschätzt.

Mit seinen Schriften «Die Abschaffung der Armut» und «Napoleonische Ideen» versucht er, sich ein progressives Image zuzulegen. Populist und Autokrat zugleich, verspricht er wirtschaftlichen Fortschritt und Wohlstand für alle unter der Führung einer starken politischen Autorität. So gelingt es ihm, einerseits die unteren Schichten für sich einzunehmen, denen die Republik nur neues Elend gebracht hat, andererseits aber auch die konservative Mehrheit der Bürgerlichen für seine Ziele zu gewinnen, jene Kräfte, die nichts mehr fürchten als die rote Republik und in ihm eine Garantie der bestehenden Ordnung sehen. So betrachtet kann es nicht mehr verwundern, daß die große Mehrheit für ihn votiert.

Victor Hugo ist zunächst kein Gegner dieses neuen Napoleon. Im Juli 1848 gründen seine Söhne die Zeitung «L'Événement», die sich im Präsidentschaftswahlkampf zugunsten Napoleons engagiert. Mag Hugo selbst auch immer wieder betonen, er stehe der Redaktion absolut fremd gegenüber, so darf doch unterstellt werden, daß seine Söhne ihren Kurs nicht ohne seine Zustimmung einschlagen. Eine öffentliche Stellungnahme aus seiner Feder für den Kandidaten liegt freilich nicht vor. Sein distanziert-zögerliches Verhalten resultiert wohl aus seiner Unsicherheit. Er weiß nicht, wem er das Schicksal der Republik anvertraut sehen möchte; sein politisches Denken befindet sich in einem noch längst nicht abgeschlossenen Wandlungsprozeß.

Der neue Präsident versucht ganz offensichtlich, Hugo auf seine Seite zu ziehen. Er lädt ihn zum Diner ein, erbittet von ihm Einschätzungen der politischen Lage. Doch Hugo hält Distanz. Seine Ratschläge beschränken sich auf die Empfehlung, den Frieden zu erhalten und dem Volk alle Chancen zur Entwicklung zu eröffnen. Aufmerksam registriert er, welche Titel zur Anrede des Präsidenten verwendet werden. Man nennt ihn Prinz, Hoheit, Monseigneur, nur selten Monsieur oder Citoyen. Als der Präsident der Nationalversammlung die Parlamentarier aufruft, dem Staatschef die Ehre zu erweisen, die man seinem Rang schulde, reagiert Hugo korrigierend mit dem Zwischenruf: *Die man seinen Funktionen schuldet!* Erkennt er die ersten Vorzeichen einer Entwicklung, die auf ein autokratisches Regime hinausläuft?

Sein Interesse konzentriert sich zunächst auf die Auseinandersetzungen im Parlament, in das er im Mai 1849 wiederum gewählt wird. Diese Wahlen bestätigen erneut den Niedergang der gemäßigten Republikaner. Sie stellen nun nicht mal mehr ein Zehntel der Abgeordneten. Die absolute Mehrheit erhält die Partei der Ordnung, eine Allianz aus Monarchisten, Orleanisten und Anhängern Napoleons, die allesamt Gegner der Republik sind, jedoch zerstritten in der Frage, wer der künftige Monarch sein soll. Zu ihrem Entsetzen gehen die linken Republikaner und Sozialisten gestärkt aus den Wahlen hervor und repräsentieren etwa ein Drittel der Wahlberechtigten. Sie kommen nun nicht mehr nur aus den großen

«Victor Hugo und Émile de Girardin heben Louis Napoléon auf den Schild, aber das ist nicht sehr solide!» Karikatur von Honoré Daumier in «Le Charivari», 11. Dezember 1848

Städten, sondern auch aus ländlichen Departements, insbesondere des Südens. Gerade dies ist für die Konservativen ein beunruhigendes Phänomen. Sie müssen befürchten, daß das «rote Gespenst», das mit der Niederschlagung des Juniaufstands bezwungen schien, auf parlamentarischem Wege wiederkehrt.

Welchen Part wird Hugo in der unvermeidlichen Konfrontation zwischen diesen beiden Lagern spielen? Ärgernis provoziert auf der rechten Seite des Hauses schon seine Stellungnahme zum Bericht über die Situation der Armen. Zwar hatte sich die konservative Mehrheit geweigert, das Recht auf Arbeit in die Verfassung aufzunehmen, aber ein Recht auf Unterstützung wurde jedem Franzosen zugebilligt. Nun geht es darum, konkrete Maßnahmen zu seiner Verwirklichung zu beschließen. Doch die konservative Mehrheit blockiert jede positive Entscheidung. Hugos

Rede reißt kaum verheilte Wunden auf, legt verdrängte Traumata bloß. Der Aufstand vom Juni '48 habe seine Ursachen nicht in der Agitation von Demagogen und Kriminellen gehabt, sondern im Elend und der Verzweiflung des Volkes. Der Kampf müsse folglich nicht den Armen, sondern der Armut gelten. Gerade dies will die Mehrheit nicht wahrhaben. Sie erklärt das Elend als unvermeidliches Verhängnis oder als selbstverschuldetes Unglück, für das die Armen allein verantwortlich sind. Zum erstenmal erhält Hugo den Beifall und die Zustimmung der linken Seite des Hauses.

Als Provokation faßt die Mehrheit des Parlaments auch seine Rede aus Anlaß der französischen Rom-Expedition auf (Oktober 1849). In Rom hatte sich ein republikanisches Regime etabliert und den Papst gezwungen, die Ewige Stadt zu verlassen. 1848 hat die verfassunggebende Nationalversammlung Kredite für eine Italienkampagne zur Verteidigung der Römischen Republik bewilligt, die dem befürchteten Eingreifen der Österreicher zuvorkommen sollte. Im Sommer 1849 verkehrt sich dieser Auftrag der Expedition ins Gegenteil: Die französischen Truppen okkupieren Rom und setzen den Papst wieder in seine Rechte ein. In den Augen aller Achtundvierziger, für die nationale Souveränität zu den Grundrechten zählt, muß dies eine Provokation darstellen. Verantwortlich für diese Kehrtwendung zeichnet Louis Napoléon, und zum erstenmal handelt er außenpolitisch im Sinn der reaktionären, katholischen Parlamentsmehrheit. Hugo entlarvt diese Zusammenhänge, bezieht Stellung gegen das weltliche Regime des Papstes, indem er an den Geist des Evangeliums erinnert, und fordert die Anerkennung der Freiheitsrechte des italienischen Volkes. Alles andere sei ein Verstoß gegen die Verfassung der Französischen Republik. Doch die Mehrheit ist keineswegs gewillt, ihm zu folgen. Im Gegenteil: der Bruch scheint unvermeidlich. Alte Freunde aus der katholischen Partei wie etwa Charles de Montalembert distanzieren sich öffentlich von ihm.

Es gibt bald weitere Anlässe, die den Bruch unwiderruflich machen werden. Im Januar 1850 legt der Erziehungsminister Ferdinand-Philippe Falloux ein Gesetz vor, das faktisch die Überantwortung des Schulwesens an den Klerus bedeutet. Hugo trägt ein leidenschaftliches Plädoyer für die Freiheit des Bildungswesens, für die Trennung von Kirche und Staat vor. Zum erstenmal bezeichnet er die katholische Partei als *parti clérical*, die er jedoch keineswegs mit der Kirche gleichsetzen möchte. *Ihr seid,* so ruft er den Abgeordneten der Rechten zu, *die Parasiten der Kirche, ihr seid die Krankheit der Kirche. […] Ihr seid nicht die Gläubigen, sondern die Sektierer einer Religion, die ihr nicht versteht. Ihr seid die Regisseure der Heiligkeit.*[59] Und er warnt sie davor, ihre politischen Interessen als Interessen der Kirche auszugeben. Anzumerken bleibt, daß Hugos Stellungnahme von mehr als aktueller Bedeutung ist. Mit der Verabschiedung des Falloux-Gesetzes leistet die Parlamentsmehrheit einer Entwicklung Vorschub, die die französische Öffentlichkeit für lange Zeit in ein laizistisches und ein klerikales Lager spalten wird, welche sich bis weit ins 20. Jahrhundert hinein unversöhnlich gegenüberstehen.

Den letzten Schritt auf dem Wege zum Bruch mit der parlamentarischen Rechten vollzieht Hugo im Mai 1850. Diesmal liegt ein Gesetzentwurf zur Einschränkung des allgemeinen Wahlrechts vor. Das Stimmrecht soll zum einen jenen entzogen werden, die wegen politischer Delikte verurteilt worden sind, zum anderen aber auch allen Bürgern, die nicht seit mindestens drei Jahren in ihrem Wahlkreis ansässig sind. Die Absicht ist offenkundig: Vor allem linke Wähler und Arbeiter, die aus wirtschaftlichen Gründen häufig ihren Wohnsitz wechseln müssen, sollen vom Wahlrecht ausgeschlossen werden. Die Angst der Konservativen vor einem nicht auszuschließenden Wahlsieg der Linken diktiert diese Strategie. Hugo wendet sich vehement gegen dieses Vorhaben. Das allgemeine Wahlrecht sei das Bewegungsprinzip der Volkssouveränität, mithin der Republik selbst. Jede Einschränkung müsse Anlaß künftiger Aufstände sein. Doch auch diesmal unterliegt er dem Votum der Mehrheit.

Zwei Jahre parlamentarischer Arbeit haben Hugo tiefgreifend verändert. Es ist kein plötzlicher Positionswechsel gewesen, sondern ein kontinuierlicher Wandel, der sich aus Einsichten in die politischen und gesellschaftlichen Strukturen ergibt. Der von den Konservativen hochgeschätzte Pair von Frankreich, das «unsterbliche» Mitglied der Académie Française ist zum schwarzen Schaf der parlamentarischen Rechten geworden. Die Linke ist zunächst verblüfft, kann noch nicht glauben, daß sie einen so berühmten Bündnispartner gewonnen haben soll. Doch Hugos Wandlung ist unumkehrbar und endgültig. Böswillige Zeitgenossen haben ihm unterstellen wollen, er sei lediglich aus enttäuschtem Ehrgeiz ins andere Lager übergewechselt. Hätte Louis Napoléon ihm einen angemessenen Posten etwa als Minister gegeben, alles wäre anders gekommen oder besser: nichts hätte sich geändert. Im Juni 1850 publiziert die angesehene liberal-konservative «Revue des Deux Mondes» einen Artikel, dem sie den höhnischen Titel «La Carmagnole d'Olympio» gibt – unter Anspielung einerseits auf das berühmte Lied der Jakobiner und Sansculotten, andererseits auf die von Hugo selbst geschaffene Figur des erhaben-einsamen Genies. Bei ihm sei alles Literatur, auch seine Wandlung zum Volkstribun, das heißt Inszenierung seiner genialen Persönlichkeit. Im Grunde habe er nie eigene Überzeugungen gehabt, er tausche Meinungen nur wie Versatzstücke aus. Zudem habe er es nicht ertragen, immer der zweite nach Lamartine zu sein, den er nun endlich überholen möchte.[60] Doch riskiert ein nahezu fünfzigjähriger, allseits angesehener Autor Karriere und Wohlstand aus reiner Egozentrik? Gewiß, seine

Dimanche 27 Janvier 1850. 2e Année. — N° 35.

ON S'ABONNE
A PARIS,
Au bureau du journal, rue du Croissant, 12.

DANS LES DÉPARTEMENTS,
Chez les Libraires, aux Messageries, aux bureaux de Poste, et par un mandat sur la poste ou à vue sur une maison de Paris.

A LONDRES,
Chez M. FEUILLET-DUMUS,
15, Greek-Street, Soho-Square.

DESSINS DE QUILLENBOIS.

PRIX DE L'ABONNEMENT.
PARIS.
12 mois . . . . . 10 »
6 mois 5 50
3 mois . . . . . 3 »
DÉPARTEMENTS.
12 mois . . . . . 12 »
6 mois 6 50
3 mois 3 50
Pour les Colonies et l'Étranger payant port double ajouter 2 fr., 1 fr. et 50 c.

GRAVURE DE THÉO-EDO.

LE CARICATURISTE
REVUE DROLATIQUE DU DIMANCHE.

UN CHANGEMENT DE FRONT.

Un grand Poète d'État, poursuivi par la peur des Jésuites et de l'Inquisition, se sauve sur la Montagne.

«Ein Frontenwechsel - Der große Staatsdichter rettet sich aus Angst vor den Jesuiten und der Inquisition auf den Berg» (= die Linke). Zeichnung von Quillenbois in «Le Caricaturiste», 27. Januar 1850. Paris, Musée Victor Hugo

Wandlungen müssen erstaunen, aber sie werden verständlicher, wenn man nicht nur auf seine offiziellen Verlautbarungen in der Zeit der Julimonarchie blickt, sondern auf die untergründigen Widersprüche, die sich in seinen literarischen Werken zuerst niederschlagen. Sie lassen einen Bruch mit den konservativen Trägerschichten der damaligen Gesellschaft nahezu zwangsläufig erscheinen. Die tagespolitischen Ereignisse haben unter diesem Aspekt lediglich wie Auslöser gewirkt. Es mag sein, daß Hugo selbst von seinen eigenen Wandlungen überrascht worden ist, mögen sie ihm aus der Rückschau auch wie konsequente Entwicklungsschritte erscheinen.

Im übrigen handelt es sich nicht allein um einen Frontenwechsel in den aktuellen politischen Auseinandersetzungen. Zwischen zeitgebundener Aktualität und langfristigen Tendenzen existierte für Hugo immer eine komplexe Beziehung. Die politischen Überzeugungen, die er nun vertritt, sind zugleich auch religiöse und geschichtsphilosophische Grundoptionen. Sie lassen sich auf eine Reihe von Prinzipien reduzieren: Religiosität im Geist des Evangeliums, Freiheit von klerikaler Bevormundung, zivilisatorischer Fortschritt, der vor allem die Emanzipation der unteren Schichten bedeutet. Dies alles scheint mit Kunst und Literatur zunächst nur wenig zu tun zu haben. Und doch schließt Hugos neues Selbstverständnis auch ästhetische Optionen ein, die seinem gesamten weiteren literarischen Werk eine neue Orientierung geben. Ja, die Wandlungen seiner politisch-ideologischen Position sind die Voraussetzung dafür, daß er als Autor seine schöpferische Krise zu überwinden vermag.

Die Haltung, die er in den parlamentarischen Kämpfen der Spätphase der Zweiten Republik einnimmt, ergibt sich mit unerbittlicher Konsequenz aus dem zuvor Gesagten. Louis Napoléon möchte eine Verfassungsänderung durchsetzen, die es ihm erlaubt, 1852 erneut für die Präsidentschaft zu kandidieren. Hugo entlarvt dieses Vorhaben als einen Versuch, letztlich das Kaiserreich wiederherzustellen, und die zögerliche Haltung der Konservativen ist für ihn Ausdruck der Hoffnung, eines Tages die Monarchie wieder in ihre Rechte einzusetzen. Beides sind für ihn Herrschaftsformen der Vergangenheit. Den Anhängern Napoleons hält er die prophetischen Sätze entgegen: *Was denn! Nach Augustus Augustulus? Was denn! Weil wir Napoleon den Großen gehabt haben, sollen wir nun Napoleon den Kleinen haben?*[61] Hugo ahnt, daß die innenpolitische Entwicklung geradewegs auf die Errichtung eines diktatorischen Regimes hinausläuft, auf einen neuen 18. Brumaire, wie Marx formuliert. Der Zeitschrift seiner Söhne wird der Prozeß gemacht, weil sie es gewagt hat, den Strafvollzug, insbesondere die Praxis der Todesstrafe zu kritisieren. Charles Hugo, später auch sein Bruder François-Victor und andere Redakteure werden zu Gefängnisstrafen verurteilt.

In der Nationalversammlung hat Louis Napoléon die Rechnung ohne die monarchistische Mehrheit gemacht. Nicht nur die Linke votiert gegen eine Verfassungsänderung, sondern auch große Teile der Konservativen. Der Präsident versucht ein letztes Mal, durch Spaltung das Parlament in den Griff zu bekommen. Doch dieses Manöver mißlingt. Am 2. Dezember 1850 löst er mit einem Putsch – er kann auf große Teile der Armee zählen – das Parlament auf, erklärt sich selbst zum Präsidenten auf zehn Jahre, stellt – und das ist ein geschickter Schachzug – das allgemeine Wahlrecht wieder her und kündigt ein Plebiszit an. Eine Reihe Abgeordneter läßt er festnehmen, anderen, wie Hugo, gelingt es, sich der Verhaftung durch Untertauchen zu entziehen. Alle Parlamentarier, alle Bürger, die sich dem Putsch widersetzen, werden für vogelfrei erklärt. Hugo ist nicht zur Kapitulation bereit. Schließlich repräsentieren er und seinesgleichen die Legitimität, Louis Napoléon ist derjenige, der die Verfassung gebrochen hat. Von Barrikade zu Barrikade, von Geheimtreff zu Geheimtreff eilend bemüht er sich, den Widerstand zu organisieren. Gleichwohl gelingt es den Republikanern nicht, die Massen zum Aufstand gegen den Putschisten zu mobilisieren. Wohl zu tief sitzt bei der Arbeiterschaft das Trauma vom Juni 1848, zu gering ist das Ansehen der Parlamentarier, die man ironisch die «Fünfundzwanzig Francs» nennt nach der Höhe der Diäten, die sie täglich erhalten. «Wir sind nicht so dumm, uns für die Bürger töten zu lassen, sollen sie sich doch untereinander arrangieren», läßt Flaubert später einen Arbeiter in seiner «Éducation sentimentale» sagen. Gewiß, es gibt bewaffneten Widerstand, einige hundert Aufständische fallen im Kampf, Exekutionen ohne Urteil sind an der Tagesordnung, doch die große Volkserhebung bleibt aus. Erleichtert sind vor allem die konservativ-bürgerlichen Schichten, ihnen erscheint der Staatsstreich wie ein Befreiungsakt, eine Tat der Errettung vor dem Chaos. Sie lassen sich gern politisch entmündigen, wenn nur ihre gesellschaftliche Dominanz gesichert wird.

Hugo handelt in dieser Situation unter ständiger Lebensgefahr. Doch es gibt einen Menschen, der sich selbstlos und allen Gefahren trotzend für ihn einsetzt: Juliette Drouet. Ihr Verhalten ist um so beeindruckender, als noch einige Monate zuvor der Bruch ihrer Beziehung zu Hugo drohte, nachdem sie entdeckt hatte, daß er sein Verhältnis zu Léonie d'Aunet nicht, wie stets beteuert, beendet hatte. Ohne Juliettes Beistand könnte Hugo nur schwerlich der Verfolgung entgehen. Sie versteckt ihn, leistet Kundschafterdienste und besorgt ihm schließlich den Paß eines Schriftsetzers, mit dem er nach Brüssel ausreisen kann.

Das Exil (1851 – 1870)

Am Morgen des 12. Dezember 1851 beginnt mit der Ankunft in Brüssel Hugos Exil. Er sucht zunächst Zuflucht in der belgischen Metropole, muß sich aber später auf den britischen Kanalinseln Jersey und Guernsey niederlassen. Fast zwei Jahrzehnte wird das Exil dauern – bis zum 5. September 1870. Erst in dieser Zeit wird er zu der Persönlichkeit, die in die Geschichte eingegangen ist: Victor Hugo, der Widersacher aller Diktatoren, der Kosmopolit und Fürsprecher von Befreiungsbewegungen, der Vorkämpfer für Frieden, Demokratie und soziale Gerechtigkeit. Er ist ein Autor, der endlich – als Fünfzigjähriger – zu sich selbst findet, der in eine Rolle hineinwächst, die er als seine historische Mission ansehen wird. Auch literarisch wirkt das Exil wie eine Befreiung: Endlich ist die lange schöpferische Krise beendet. Die Werke des Exils markieren den Höhepunkt seines künstlerischen Schaffens. Und ihm gelingt, was seine literarischen Mitstreiter der zwanziger und dreißiger Jahre nicht mehr vermögen, nämlich der romantischen Bewegung neue Impulse zu geben, indem er sie den veränderten historischen Bedingungen anpaßt. Auch an seiner äußeren Erscheinung läßt sich dieser Wandel ablesen. Zeigen die Porträts der vierziger Jahre einen Mann ohne scharfes Profil, so präsentieren die Fotos der späten fünfziger und der sechziger Jahre einen Patriarchen mit den Merkmalen eines Propheten.

Wenn sich aus der Rückschau dieser Lebensabschnitt als harmonische Einheit darstellt, so muß doch zugleich an die Krisen und Gefährdungen erinnert werden, denen die Existenz eines Verbannten auch damals ausgesetzt ist. Nach den Erfahrungen mit den Diktaturen des 20. Jahrhunderts mag ein autokratisches Regime, wie Louis Napoléon es etabliert hat, noch geradezu ‹human› erscheinen. Doch der Prince-Président, der sich am 2. Dezember 1852 als Napoleon III. zum Kaiser macht, verfolgt die republikanische und demokratisch-sozialistische Opposition mit allen ihm zu Gebote stehenden Mitteln der Repression. Diejenigen, denen nicht die Flucht gelingt, werden zum Schweigen gebracht, indem die Presse einer scharfen Zensur unterworfen wird, oder aber zur Deportation verurteilt, wenn ihre politischen Delikte als gravierend eingestuft

Victor Hugo. 1843.
Zeichnung von Louis
Boulanger. Villequier,
Musée Victor Hugo

werden. So erklärt es sich, daß bis weit in die sechziger Jahre hinein die Opposition verstummt. Um so bedeutsamer ist die Rolle, die den Exilierten zufällt.

Das neue Regime ist eine eigentümliche Mischung aus autoritär-diktatorischen und demokratisch-plebiszitären Elementen. Die Verfassung garantiert einerseits die «großen Prinzipien» von 1789, erklärt aber zugleich das Zeitalter der Revolutionen für beendet. Das allgemeine Wahlrecht wird wiederhergestellt, doch das Parlament ist weitestgehend entmachtet, insofern dem Kaiser allein die gesetzgeberische Initiative zukommt. Im übrigen sorgen «offizielle Kandidaturen» dafür, daß nur regimekonforme Abgeordnete gewählt werden. Die weitgehende politische Entmündigung der Nation erlaubt zugleich eine ungehemmte ökonomische Entwicklung. Sie schließt eine Reform des Finanzwesens und eine Verbesserung der Infrastrukturen (Straßen, Kanäle und Eisenbahn) ein. Frankreich wird zu einer modernen Industrienation, die den technisch-wissenschaftlichen und ökonomischen Fortschritt aus Anlaß der Weltausstellungen (1855 und 1867) demonstriert. Auch die großen Umgestaltungsmaßnahmen der Metropole unter der Federführung des Prä-

Victor Hugo und sein Sohn François-Victor im Garten von Hauteville-House in den sechziger Jahren. Foto von Hutton. Paris, Musée Victor Hugo

fekten Eugène Georges Haussmann stehen in diesem Zusammenhang. Paris, einst Hauptstadt der Revolution, wird nun zum Zentrum des Handels und der Technik, zugleich aber auch zur «Kapitale des Vergnügens», denn alle Welt strömt nach Paris.[62]

Der ökonomische Fortschritt sichert Napoleon die Unterstützung des Besitz- und Finanzbürgertums. Die Arbeiterschaft hingegen, der der Kaiser eine Verbesserung ihrer Lage versprochen hat, sieht sich zunehmend enttäuscht, formiert sich aber erst in den sechziger Jahren zu einer ernstzunehmenden sozialen Macht.

Angesichts der Erfolge, die das neue Regime bald vorweisen kann, wird verständlich, wie schwer es den Exilierten fällt, die oppositionellen Kräfte zu stärken. Und Louis Napoléon versucht schon bald nach dem Staatsstreich, sie ganz zum Schweigen zu bringen. Er läßt sie bespitzeln und überwachen. Vor allem aber setzt man die Brüsseler Regierung unter Druck mit dem Ziel, die Ausweisung der Verbannten zu erreichen. Hugo macht so die Erfahrung, daß auch das Exil ihm keine Sicherheit bietet, daß er – wie alle Proskribierten – jederzeit Opfer internationaler Machtkonstellationen und nationaler Interessen werden kann.[63] Er läßt

Napoleon III. Gemälde von Charles Louis Muller. Musée de Versailles

allerdings bei den belgischen Behörden keinen Zweifel darüber aufkommen, daß er gewillt ist, den Kampf gegen den Usurpator fortzusetzen: Er kündigt die baldige Publikation der *Geschichte eines Verbrechens* an, einer Darstellung der Ursachen und Umstände des Staatsstreichs.[64] Die Brüsseler Regierung gewährt ihm zunächst noch für drei Monate Asyl. Doch von dem Augenblick an, da ihm bewußt wird, daß er zum Spielball innenpolitischer Konflikte zwischen Liberalen und Konservativ-Klerikalen wird, sieht er sich in einer ausweglosen Situation. Zudem droht Paris mit der Kündigung des Freihandelsabkommens, schürt gar Gerüchte, die von einer bevorstehenden Invasion durch französische Truppen wissen wollen. Hugo bewahrt die belgische Regierung vor weiteren Komplikationen und einer internationalen Blamage, indem er ankündigt, er werde das Land verlassen. Er entscheidet sich für die britische Kanalinsel Jersey, zum einen, weil er dort Frankreich nahe ist, zum anderen, weil es auf der Insel eine alte Tradition gallischer und französischer Kultur gibt, der die angelsächsische Zivilisation seit dem Anschluß an das britische Königreich nur übergestülpt worden ist. Seine Frau verkauft in Paris Mobiliar und Bibliothek, denn es droht die Konfiszierung seines Eigentums, sie reist zusammen mit der Tochter Adèle und den Freunden Paul Meurice und Auguste Vacquerie nach Jersey. Hugo erreicht über London in

Begleitung seines Sohnes Charles und gefolgt von Juliette Drouet die Kanalinsel. Nur sein Sohn François-Victor bleibt zunächst in Paris. Hugo weiß, daß der Unterhalt einer so zahlreichen Familie im Exil schwierig sein wird. Die Mehrzahl der Verbannten lebt in bitterer Armut. Daß sein Exil schließlich auch in finanzieller Hinsicht zu einem erfolgreichen Unternehmen wird, ist zum einen das Ergebnis unablässiger Produktivität, zum anderen aber auch einer Fülle von zunächst nicht einkalkulierbaren günstigen Umständen.

Schon einige Tage nach seinem Aufbruch aus Brüssel erscheint in London das Pamphlet *Napoleon der Kleine*. Es ist zugleich politische Satire, moralische Abrechnung und geschichtsphilosophisches Credo. Der Autor geht mit Louis Napoléon ins Gericht, doch seine Anklage wendet sich zugleich gegen die gesellschaftlichen Kräfte, die dessen Verbrechen ermöglicht haben: gegen das konservative Bürgertum, die Armee und den Klerus. Gleichwohl ist in seinen Augen der Staatsstreich nur der vorletzte Akt eines historischen Dramas, dessen glückliche Auflösung am Ende den Triumph der demokratischen Prinzipien besiegeln wird, denn Gott selbst, *dieser wunderbare Maschinist*, ist der Protagonist dieses Dramas. Mag das kleine Opus auch Schwächen in der Argumentation aufweisen, es ist der erste konsequente Versuch eines Franzosen, die Ursachen und die Mechanismen des Staatsstreichs offenzulegen. Dem entspricht die Resonanz, auf die das Werk stößt.[65] Nach Frankreich gelangt es auf geheimen Wegen. Fast muß es scheinen, als versetze es das neue Regime in Panik, so heftig sind die Reaktionen und die Maßnahmen, mit denen man gegen jene vorgeht, bei denen das Büchlein gefunden wird. Und die Einflußnahme auf die belgische Innenpolitik geht so weit, daß das Brüsseler Parlament ein Gesetz verabschiedet, das die Verunglimpfung fremder Staatsoberhäupter unter Strafe stellt.

Währenddessen richtet sich Hugo im Exil ein. Als Domizil wählt er ein Haus an der Küste, «Marine Terrace», das ihm den direkten Blick auf Frankreich erlaubt, *wo er jeden Morgen die Sonne aufgehen sieht*, wie er schreibt. Er scheint sogar Gefallen am Exil zu finden. Schon in Brüssel hat er notiert: *Ich liebe die Verbannung, ich liebe das Exil, ich liebe die Armut, ich liebe die Feindschaft, ich liebe alles, was ich für die Freiheit, das Vaterland und das Recht erleide; ich habe ein fröhliches Gewissen; aber es ist eine schmerzliche Sache, auf fremder Erde zu gehen.*[66] Und auf Jersey schreibt er in sein Tagebuch: *Wir, die Verbannten, verteidigen die Wahrheit und das Recht […]. Bonaparte lasse es sich gesagt sein, er wird uns nicht bezwingen […]. Wir Republikaner, wir Verbannten sind das lebendige Recht. Bonaparte möge sich damit abfinden, wir haben auf der Tribüne Krieg gegen ihn geführt, wir haben auf der Straße gegen ihn Krieg geführt, und wir werden in den Katakomben gegen ihn Krieg führen.*[67] Doch Hugo verknüpft den politischen Kampf gegen den Usurpator immer mit weit-

«Marine Terrace» mit den verschlungenen Initialen V. H. und J. D. Gouachezeichnung von Victor Hugo, 1852

greifenden geschichtsphilosophischen und theologisch-metaphysischen Rechtfertigungen. So sieht er sich jetzt in einer ganz neuen Rolle: *Es liegt in meiner Funktion etwas Priesterliches. Ich trete an die Stelle des Richteramtes und des Klerus. Ich richte, was die Richter nicht getan haben; ich exkommuniziere, was die Priester nicht getan haben.*[68] Dies bedeutet für ihn immer auch, daß er den Zusammenhalt unter den Verbannten, die auf Jersey zahlreich vertreten sind, stärken muß. Sie neigen allzusehr zu internen Spaltungen, kultivieren auch noch im Exil ihre ideologischen Differenzen und ihre persönlichen Animositäten. Hugo übernimmt nicht nur die Rolle eines Agitators, sondern auch die eines Seelsorgers, der die Exilierten ermutigt und sie auch finanziell unterstützt.[69]

Aber nicht allein materielle Nöte und interne Differenzen erschweren das Leben der Exilierten, sie wissen auch, daß sie unablässig bespitzelt und überwacht werden. Und nicht selten befinden sich die Agenten Napoleons in ihren eigenen Reihen. Berühmt geworden ist vor allem die Affäre Hubert (Oktober 1853), über die Hugo ausführlich berichtet. Jean Hubert, der aus London gekommen war, gab sich als Opfer des Staatsstreichs aus, wurde jedoch, nachdem sich eine Reihe von Verdachtsmomenten bestätigt hatte, als Spitzel entlarvt. Zahlreiche Verhaftungen in Frankreich gingen auf seine Berichte zurück. Die Versammlung der Exilierten ist empört, will ihn aburteilen und am liebsten sofort exekutieren. Hugo, von besonnenen Verbannten um Hilfe angerufen, reagiert auf eine für ihn typische Art. Er stimmt zwar der Verurteilung des Verräters zu, erklärt jedoch sein Leben für unantastbar. Und er setzt sich durch.

Wenn auch er selbst seine Rolle im Exil gefunden hat, so gilt dies nicht für seine Angehörigen. Vor allem Adèle hat Schwierigkeiten, die Isolation fern des gewohnten gesellschaftlichen Lebens zu ertragen. Sie versucht, dem durch zahlreiche Reisen nach Brüssel zu entfliehen. Später wird sie sich der Aufgabe zuwenden, einen Bericht über das Leben Hugos (bis 1840) zu verfassen. Juliette Drouet bleibt vom engeren Familienkreis ausgeschlossen, sie darf Marine Terrace nicht betreten. Im übrigen erfüllt sie ihre Aufgabe als Privatsekretärin, indem sie Hugos Manuskripte für die Publikation kopiert. Das Verhältnis der beiden scheint von nun an platonischer Art zu sein. Er hat «Verhältnisse zur linken Hand», in der Regel zu Hausmädchen. Über diese Beziehungen führt er peinlich genau Buch, allerdings verklausuliert, zumeist in spanischer Sprache.

Auch die Kinder vermögen sich nur schwer mit den Lebensbedingungen des Exils zu arrangieren. Die Söhne, inzwischen Mittzwanziger, tragen kaum etwas zum Unterhalt der Familie bei, sie bleiben abhängig vom Wohlwollen des «périssime», wie sie den Vater nennen. Sie sind immer noch auf der Suche nach einer eigenen Identität. Ob sie sich als Journalisten, Schriftsteller oder Übersetzer versuchen, sie handeln selten ohne väterliche Initiative und Unterstützung. Hugos Verhältnis zu ihnen ist problematisch. Mag er auch kein autoritäter Vater im strengen Sinn sein, so ist doch sein Bild so übermächtig, sein Schatten so groß, daß den Söhnen nur wenig Raum zur Selbstentfaltung bleibt. Es scheint fast, als seien sie an diesem Konflikt resignierend zugrunde gegangen. Der Vater wird

Adèle, Tochter Victor Hugos.
Paris, Musée Victor Hugo

beide überleben. Das Bild, das er in seinem Spätwerk *Meine Söhne* (1874) entwirft, entspricht wohl kaum der Realität. Es ist ein erbauliches Porträt, bestimmt für die Nachwelt und die eigenen Enkelkinder.

Problematisch ist insbesondere die Entwicklung seiner jüngeren Tochter Adèle. Lange Zeit steht sie im Schatten ihrer älteren Schwester Léopoldine. Nach deren frühem Tod muß ihr bewußt geworden sein, daß der Vater diesen Verlust nie verwinden und sie immer nur die zweite Stelle einnehmen wird. Schon zu Beginn des Exils zeigt sie Symptome psychischer Labilität. Sie flieht zunächst in die Musik und die Phantasiewelt ihres Tagebuchs. Einige Jahre später – 1863 – wird die Flucht aus einer Umwelt, die sie nicht mehr zu ertragen vermag, andere Formen annehmen. Während der Vater ihr vorwirft, sie liebe nur sich selbst, erkennt ihre Mutter, daß ihr Leben und Glück dem Exil geopfert wird. Adèle lernt einen britischen Offizier kennen, dem sie nach England und Nordamerika folgt. Um den Schein zu wahren, geben die Eltern die angebliche Eheschließung bekannt. Adèle weigert sich, nach Europa zurückzukehren, wird schließlich auf der Insel Barbados im Zustand geistiger Umnachtung aufgegriffen und nach Frankreich zurückgebracht. Von nun an wird sie in psychiatrischen Kliniken interniert und stirbt fünfundachtzigjährig im Jahr 1915.

Es ist wohl kein Zufall, daß sich in den Jahren des Exils die familiären Probleme und Konflikte verschärfen. Das Zusammenleben auf engem Raum zwingt zur Disziplin und zu Opfern, denen sich offensichtlich nur Hugo selbst zu unterwerfen bereit ist, um seines Werks willen. Was er als einmalige Chance begreift, ist für seine Familie ein permanenter Ausnahmezustand. Und dieser bringt manchmal seltsame Phänomene mit sich. Erwähnt sei nur die Geschichte der «tables parlantes» bzw. «tables tournantes», des Tischrückens.[70] Delphine de Girardin, einst Muse der Romantik, führt diese Praxis im Herbst 1853 auf Jersey ein. Der Spiritismus ist inzwischen zu einer Modeerscheinung in den Pariser Salons geworden. Hugo zeigt sich erst skeptisch, läßt sich aber sofort überzeugen, als es gelingt, Geister von Toten zum Sprechen zu bringen. Zunächst sind es die verstorbene Tochter Léopoldine und … Napoleon III.! Es folgen im Lauf der nächsten zwei Jahre u. a. Moses, Jesus, Luther, Molière, Voltaire und Robespierre. Ihre Worte werden in einem langwierigen Verfahren übertragen, und sie bedürfen eines Mediums aus der Mitte der Anwesenden. Das Alphabet entspricht der Anzahl der Klopfzeichen, die auf dem Tisch registriert werden. Viele der angerufenen Geister antworten, wenn sie Schriftsteller sind, in Versen, die in eigentümlicher Weise dem Stil Hugos ähneln. Gleiches gilt für die Auffassungen, die sie vertreten. Der Verdacht liegt nahe, daß es sich um reine Scharlatanerie handelt, um nichts anderes als nach außen projizierte Monologe des Autors. Diese Vermutung könnte bestätigt werden durch die Tatsache, daß bei der Erscheinung von Dichtern Sohn Charles das Medium ist. Doch das Geschehen als Ganzes läßt sich auf diese Weise wohl nicht erklären. Auch die Hypothese, es könne sich um eine «écriture automatique» jenseits der Kontrolle durch Vernunft und Bewußtsein handeln, wie sie später von den Surrealisten propagiert wird, trägt nicht. Vielleicht ist es eine

Art psychotherapeutischer oder gruppendynamischer Vorgang, der der Stabilisierung der Beziehungen der Familienglieder untereinander dienen könnte, die durch die Isolation des Exils ständig gefährdet sind. Es bleibt eine Fülle von Fragen, die bis heute unbeantwortet sind, und es bleibt die Ratlosigkeit heutiger Generationen angesichts eines solchen Phänomens. Hugo selbst ist im übrigen davon überzeugt, daß kein Widerspruch existiert zwischen diesen spiritistischen Praktiken und seinem Glauben an den Fortschritt durch Wissenschaft und Technik. In seinen Augen bedeutet die Leugnung des Übersinnlichen und Übernatürlichen eine Verarmung der menschlichen Existenz.

Zwei Jahre lang dauern diese Sitzungen, dann werden sie abgebrochen. Skeptiker und Gegner gibt es auch unter den Angehörigen, François-Victor etwa und Juliette Drouet, die, obwohl sie nicht teilnehmen darf, die Kopien der Protokolle anfertigt. Als einer der Teilnehmer, Jules Allix, dem Wahnsinn verfällt, ergreift panische Angst die anderen, Ähnliches könnte sich wiederholen. Wohl nur Hugo selbst verfügt über die psychische Robustheit, die spiritistischen Praktiken ohne Schaden zu überstehen.

Er sieht sich durch die Erfahrung mit den Tables parlantes in seiner Auffassung bestätigt, er sei eine Art Priester oder Magier neuen Typs. Unter ein Foto von Auguste Vacquerie, das ihn mit halbgeschlossenen Augen in ekstatischer Pose zeigt, setzt er die Worte *Victor Hugo écoutant Dieu (Victor Hugo Gott lauschend).* Aus heutiger Sicht mag man sein Selbstverständnis und die Mission, deren Träger er zu sein glaubt, für eine maßlose Selbstüberschätzung halten, die ständig Gefahr läuft, vom Erhabenen ins Lächerliche umzuschlagen, für eine letzte Erscheinungsform romantischen Geniekults. Oder aber für eine geschickte Selbstinszenierung auf der Bühne der Geschichte, die die Zeitgenossen glauben machen soll, er sei der neue Erwählte. Ohne Zweifel ist er, wie man heute sagen würde, ein mediales Talent. Doch wo liegt die Trennlinie zwischen Fiktion und Realität? Das Erstaunliche ist, daß die Zeitgenossen seine Rolle akzeptieren. Gerade der ferne Hugo wird ihnen zum Inbegriff nationaler Tradition und zugleich einer neuen Weltkultur. Entsprechend ist die Aufnahme seines literarischen Exilwerks in Frankreich.

Schon im Jahr 1853 publiziert er einen Gedichtband mit dem Titel *Châtiments (Bestrafungen)*, gleichsam ein lyrisches Pendant zum Pamphlet *Napoleon der Kleine*. Es ist wohl einzigartig in der neueren französischen oder sogar der europäischen Literaturgeschichte. Der Autor beruft sich einerseits auf die große Tradition des satirischen Gedichts seit der Antike und verknüpft sie andererseits mit dem visionären Charakter biblischer Prophetie und Apokalypse. Die Rekonstruktion der Geschichte des 19. Jahrhunderts im Zeichen des gesellschaftlichen Fortschritts erlaubt Hugo die «Bestrafung» all jener Personen und sozialen

«Hugo, Gott lauschend», 1853/54. Foto von Auguste Vacquerie.
Paris, Musée Victor Hugo

Trägerschichten, die er für das Verbrechen des Staatsstreichs verantwortlich macht, verhindert zugleich aber auch eine aktualistische Beschränkung auf den Augenblick. Sein Verdikt über Louis Napoléon, dessen Regime radikal unterschieden wird vom Kaiserreich Napoleons I., fällt gerade deswegen so apodiktisch aus, weil der Neffe die Prinzipien des historischen Fortschritts, wie sie vor allem in der Großen Revolution zutage getreten sind, nicht mehr für sich reklamieren kann, hat er doch

«Les châtiments». Hugo zermalmt den napoleonischen Adler. Lithographie von Honoré Daumier, 1870. Paris, Musée Victor Hugo

die demokratische Republik, die in den Augen Hugos mehr repräsentiert als eine bloße Staatsform, mit seinem Putsch beseitigt. Der Autor macht aber auch deutlich, daß Louis Napoléon sich nicht hätte durchsetzen können, wäre er nicht der Unterstützung des konservativen Bürgertums, der Armee und des antirepublikanischen Klerus sicher gewesen.[71]

Über jedes der sieben Bücher des Gedichtbands setzt der Autor ironisch politische Slogans der Partei der Ordnung, wie etwa *Die Gesellschaft ist gerettet*; *Die Familie ist wiederhergestellt*; dem letzten Buch gibt er die doppelsinnige Überschrift *Les sauveurs se sauveront (Die Retter werden sich retten bzw. werden sich davonmachen)*. Solchen Devisen konfrontiert er in den Texten die blutige Repression nach dem Staatsstreich. Aber nicht nur die Verbrechen der Sieger werden thematisiert, sondern vor allem das Leiden der Opfer, all derjenigen, die Widerstand zu leisten gewagt haben. In diesem Zusammenhang hebt er die Bedeutung von Frauen hervor, die ihren Idealen treu geblieben sind wie etwa Pauline Roland. Schwer zu verstehen ist für den Autor nach wie vor, daß das Volk so geringen Widerstand geleistet hat. *Lazarus, steh auf!* ruft er ihm zu, doch er weiß zugleich, daß die historische Chance vertan worden ist und den Republikanern selbst die Verantwortung dafür zufällt, weil sie nicht aufmerksam gewesen sind für das Elend der unteren Schichten. Es wird mühevoller Arbeit bedürfen, dem Volk bewußtzumachen, daß es selbst das Subjekt der Geschichte sein kann. Der Verzweiflung und der Resignation gibt der Autor keinen Raum, denn es existiert in seinen Augen eine Macht, die für den Fortschritt einsteht, nämlich Gott selbst. Diese Geschichtskonstruktion erlaubt die Darstellung eines dialektisch-widersprüchlichen Fortschreitens von der *Nacht*, wie das erste Gedicht betitelt ist, zum *Licht*, so der Titel des letzten Textes.

Der Gedichtband ist dazu angetan, die Pariser Zensur auf den Plan zu rufen. Aber auch Hugos Verleger zeigt sich beunruhigt über die unversöhnliche Aggressivität dieser Verse. Um die Zensur zu täuschen, einigt man sich auf eine doppelte Ausgabe, eine gereinigte und eine vollständige, die auf Schleichwegen nach Frankreich gebracht wird. Gedruckt werden beide Editionen in Brüssel, für die ungekürzte Ausgabe werden die fiktiven Erscheinungsorte Genf und New York angegeben. In Frankreich wird eine vollständige Ausgabe erst nach dem Sturz Napoleons im Herbst 1870 erscheinen.

Die Vollendung eines weiteren Gedichtbands muß Hugo zunächst aufschieben, da er 1855 aus Jersey ausgewiesen wird. Er ist nie ein bequemer Asylant gewesen, zum Schweigen über etwas, das er selbst als Unrecht erkannt zu haben glaubt, kann er sich nicht verstehen. So bezieht er Stellung gegen die Vollstreckung des Todesurteils an einem Delinquenten namens Tapner. Der Urteilsspruch beruht auf reinen Indizien, und die Hinrichtung, die zunächst mißlingt, wird zu einer Tortur für den Todeskandidaten. Hugo schreibt einen Brief an den britischen Innenminister Lord Palmerston, in dem er das menschenunwürdige Geschehen mit allen Details darstellt. Vor allem aber zieht er Parallelen zwischen den kleinen Kriminellen und den großen Verbrechern der Geschichte. Ist die Regierung Ihrer Majestät nicht gerade dazu übergegangen, ein Bündnis mit Napoleon zu schließen, sind die Bestrafung der einen und die Glorifizierung der anderen nur zwei Seiten derselben Politik? Und er endet mit der Warnung: *Die Zukunft naht. Sie halten für lebendig, was tot ist, und für tot, was lebendig ist. Sie kehren dem Leben den Rücken zu; es wird sich bald hinter Ihrem Rücken erheben. Wenn wir diese Worte Fortschritt, Revolution, Freiheit, Menschlichkeit aussprechen, dann lächeln Sie und zeigen uns die Nacht, in der wir und Sie uns befinden. […] Nehmen Sie es zur Kenntnis, bald werden aus ihr große und leuchtende Ideen hervorgehen. Die Demokratie, das war gestern Frankreich. Morgen wird es ganz Europa sein.*[72] Solche Sätze sind nicht dazu angetan, sich das Wohlwollen derjenigen zu erhalten, die dem Verbannten Asyl gewährt haben. Schon längst empfinden die britischen Behörden und einflußreiche Parlamentarier Hugo als lästigen Querulanten, der nicht aufhören will, seine Privatfehde mit dem französischen Kaiser auszutragen. Solange man Napoleons Herrschaft als illegitim ansah, war Hugo ein nützliches Instrument, doch nun hat sich die politische Konjunktur geändert. Frankreich und England haben sich aus Anlaß des Krimkriegs zu einer Allianz gegen das Zarenreich zusammengeschlossen, und da muß die antinapoleonische Opposition im britischen Exil eher wie ein unbequemer Störfaktor erscheinen. Als der Kaiser dann noch von Königin Viktoria zum Staatsbesuch empfangen wird, protestiert Hugo vehement. Der Gegenbesuch der Königin in Paris vollendet das neue Bündnis. Nachdem eine Zeitung der Verbannten in einem offenen Brief, den Hugo nicht unterzeichnet, der Monarchin Prinzipienverrat vorgeworfen hat, werden die Redakteure aus England ausgewiesen. Gegen Hugo, der das Vorgehen der Regierung kritisiert, werden relativ moderate Maßnahmen ergriffen: Er genießt zwar weiterhin Asylrecht auf britischem Boden, muß aber binnen einer Woche Jersey verlassen. Als neues Exil wählt er die Nachbarinsel Guernsey. Dort läßt er sich in St. Peter Port in einer Villa namens Hauteville-House nieder, die auf einem Felsen in unmittelbarer Nähe des Meeres gelegen ist. Das neue Domizil richtet er nach eigenem Geschmack sehr aufwendig ein. Und er wird es noch mehr lieben als Marine Terrace. Er schläft und arbeitet in seinem «Look-out», einem mit Glasscheiben ausgestatteten Turm, der ihm den Blick auf das Meer freigibt. Es ist ihm wohl bewußt geworden, daß der Zusammenbruch des napoleonischen Regimes nicht so bald kommen wird, denn sowohl nach innen wie auch nach außen genießt es nun hohes Ansehen. Außenpolitische Erfolge wie die Annexion Savoyens, später italienischen Territoriums (Nizza), schmeicheln den Großmachtaspirationen vieler Franzosen; steigender Wohlstand – zumindest der bürgerlichen Schichten – läßt Kritik an sozialen Mißständen unangebracht erscheinen. Die Exilierten spüren, daß sie von der innenpolitischen Entwicklung weitgehend abgeschnitten sind. Zwar bleibt Hugos Wille zum Widerstand ungebrochen, und es ist konsequent, daß er 1859 ein Amnestieangebot Napoleons ausschlägt, aber zugleich ist doch deutlich, daß seine direkten Einmischungen in die inneren Verhältnisse Frankreichs seltener werden.

All dies mag auch erklären, warum sich sein literarisches Schaffen nun von der unmittelbaren Aktualität entfernt. Allerdings darf nie vergessen werden, daß es für ihn keinen Gegensatz zwischen einer politisch engagierten Dichtung und «reiner» Kunst gibt.

Im April 1856 erscheint der Gedichtband *Les contemplations (Die Betrachtungen)*. Schon 1852 hat Hugo die Absicht geäußert, unter diesem Titel eine Reihe neuer – im Exil entstandener – und älterer – aus den vierziger Jahren stammenden – Texte zu veröffentlichen. Doch die Fertigstellung der *Châtiments* sollte zunächst Priorität haben. Der Gedichtband *Les contemplations* wird in Frankreich sofort zu einem Erfolg. Zwar schweigen die großen Kritiker wie etwa Sainte-Beuve, sei es, weil man nicht das Mißfallen des Regimes durch Lob des Exilierten erregen will, sei es, weil man der Konzeption des Autors nicht zustimmen mag. Doch die Leserschaft ist höchst angetan von Hugos Gedichten. Dies kann insofern nicht verwundern, als sich inzwischen – vor allem mit den Werken von Gautier und Leconte de Lisle – eine Lyrik durchzusetzen beginnt, die nicht mehr Ausdruck subjektiven Empfindens sein will, ihr Interesse vielmehr auf die Vollkommenheit der Form und die Zeitlosig-

Victor Hugo auf dem Balkon von Hauteville-House, 1868. Foto von Arsène Garnier

keit des Schönen richtet, aber bei einem größeren Publikum kaum auf Resonanz stößt. Da muß der persönliche Ton Hugos als außerordentlich angenehm empfunden werden. Der Autor versteht es, Themen und Motive, die mit seiner eigenen Biographie verknüpft sind, in Gedichten zu gestalten, die seine Zeitgenossen weitgehend als Darstellung ihrer eigenen Ängste und Hoffnungen ansehen können. Indem er den Bogen schlägt von dem *Einst* zum *Heute*, so die Titel der beiden Teile, kann er nicht nur Gedichte aus der Zeit vor dem Exil mit solchen aus der Zeit der Verbannung in einem Band vereinen, er kann auch das Gefühl und das Bewußtsein individueller und kollektiver Kontinuität vermitteln. *Memoiren einer Seele* seien die *Contemplations*, so betont er im Vorwort, gleichzeitig aber *die Geschichte aller*.

Victor Hugo ist darum bemüht, die unterschiedlichen Gefühls- und Stimmungslagen der menschlichen Existenz in der Moderne auszudrücken und anzusprechen. Es gibt zahlreiche Gedichte, in denen Verlust, Trauer und Schmerz dominieren – es sind u. a. jene Gedichte, die vom Tod seiner Tochter Léopoldine handeln –, es gibt aber auch zahlreiche Texte, die von Glücksgefühlen, von Liebe und Freundschaft sprechen. Die Gesamtkonzeption läuft jedoch hinaus auf apokalyptisch-metaphysische Visionen, die in dem großen Gedicht *Ce que dit la bouche d'ombre (Was der Schattenmund sagt)* gestaltet werden, das wie kaum ein anderer Text Hugos religiöse und philosophische Positionen dieser Zeit zum Ausdruck bringt. Es ist der Versuch, die gesamte Schöpfung als eine Einheit zu deuten, in der alles mit allem in wechselseitigen Beziehungen und in gegenseitigem Austausch steht. Unbeseelte und beseelte Natur durchwaltet dasselbe Gesetz von Schuld, Sühne und Erlösung. Der Mensch, gefangen und frei zugleich, arbeitet nicht nur für die eigene Befreiung, sondern für die Erlösung des gesamten Kosmos. Der Autor bewegt sich zugleich in der Tradition der Philosophie Spinozas, nach der Gott und Natur identisch sind, und in der christlichen Tradition eines persönlichen Gottes.

In den Augen Hugos ist dieser Band das gelungenste seiner bisherigen lyrischen Werke. Kritik und Literaturgeschichtsschreibung stimmen zu einem großen Teil dieser Einschätzung zu, gehen bisweilen sogar soweit, die *Contemplations* als den Höhepunkt der französischen Lyrik des 19. Jahrhunderts schlechthin anzusehen. Allerdings bleibt anzumerken, daß Hugo mit jenen Erneuerungstendenzen, wie sie in den Werken Baudelaires und später Rimbauds zutage treten, kaum etwas gemein hat. Er geht unbeirrt den einmal eingeschlagenen Weg. Schon vor der Publikation der *Contemplations* hat er das Projekt eines großen metaphysisch-kosmologischen Epos entworfen, das sich u. a. an Dante und John Milton anlehnt, sich zugleich aber auch auf zahlreiche ähnliche Versuche im 19. Jahrhundert bezieht. Unter den Titeln *Dieu (Gott)* und *La fin de*

Satan (Das Ende Satans) nimmt es schließlich als Doppelwerk Gestalt an. Im Falle des ersteren handelt es sich um eine visionäre Rekonstruktion der Geschichte der Religionen, oder genauer: der Gottesvorstellungen von den frühen Zeiten der Menschheit bis zur Gegenwart und darüber hinaus bis in die Zukunft hinein. Gegenstand dieser metaphysischen Phantasie sind sowohl philosophische Konzeptionen wie Atheismus und Rationalismus als auch Offenbarungsreligionen wie Polytheismus, Mosaismus und Christentum. Die Meditation folgt aber weniger einem chronologischen Schema als vielmehr einer systematischen Darstellung, die vom «nihil» über das «duplex» und das «triplex» zum «homo», zum Menschen führt und schließlich bis zum «Licht», zu dem, was noch keinen Namen hat, fortschreitet. Diese Rekonstruktion zielt darauf ab zu zeigen, daß alle Gottesbilder wahr und unwahr zugleich sind, wahr, insofern alle Antworten auf die zentralen Fragen des Menschen Geltung beanspruchen können, unwahr, soweit sie einen Absolutheitsanspruch erheben, dem sie nicht zu entsprechen vermögen. Die Entfaltung der lyrischen Meditation ist zugleich die Geschichte der suchenden Menschheit. Doch die letzte Wahrheit, Gott selbst, läßt sich nicht aussprechen, zumindest nicht unter den Bedingungen der irdischen Existenz. In dem Augenblick, da ihn das Absolute berührt, muß der Mensch sterben. So jedenfalls sieht eine der von Hugo ins Auge gefaßten Versionen des Schlusses aus. Nicht nur die dichterische Phantasie stößt hier an ihre Grenzen, sondern auch die poetische Sprache selbst. Sie kann nur in immer neuen Bildern das Unsagbare zu umschreiben versuchen, um am Ende doch zu verstummen. Die Dichtung selbst stößt hier in einen Grenzbereich vor. Hugo ist sich durchaus dieser Gefahren und Probleme bewußt, und so erklärt es sich, daß das Werk nie vollendet worden ist. Erst 1891 wird es als Fragment publiziert.

Ähnliches gilt für das Parallelwerk *La fin de Satan* (erschienen 1886). Auch für dieses lassen sich Vorbilder anführen wie etwa Lamartines «La chute d'un ange» (1838). Doch Hugo geht einmal mehr über alles hinaus, was bisher als Maßstab gelten konnte. Die Komposition läßt zwei Ebenen erkennen, auf denen sich das Geschehen entfaltet, eine überirdisch-kosmische und eine historisch-innerweltliche. Das Problem, das der Autor auf beiden Ebenen thematisiert, ist die Herkunft des Bösen, der Sinn von Gewalt in der Geschichte und die Frage, ob am Ende das Böse als ein Instrument des Guten und der Befreiung gedeutet werden kann. Zwar schließt der Fragment[73] gebliebene Text mit dem historischen Wendepunkt der Französischen Revolution, doch die Rückverwandlung Satans in den Lieblingsengel Gottes kommt zumindest als Hoffung in den Blick, denn am Ende erweist sich auch die Revolte nur als eine ‹verkehrte› Erscheinungsform des «amor dei», der Liebe Gottes und der Liebe zu Gott.

Der Versuch, Inhalte und Strukturen solcher Werke wiederzugeben, scheitert an ihrem Charakter selbst. Was vielleicht mehr zählt als die Themen und Probleme, ist die sprachliche Kraft, die Macht der Bilder. Hugo hat eine neue, eigene Sprache geschaffen, nur so kann er sich dem annähern, was ihm als poetisches Ideal vorschwebt.

Als Hugo 1857 seinem Verleger Hetzel die Publikation der metaphysischen Epen vorschlägt, weicht dieser zurück. Er dürfte ahnen, daß sie kein Verkaufsschlager werden können. Statt dessen ermutigt er den Autor, das Projekt der «kleinen Epen» zu vollenden. Dies ist zunächst ein begrenztes Vorhaben: Hugo denkt an eine Reihe von heroischen Gedichten, die Episoden aus der mittelalterlichen Geschichte und der Epoche Napoleons zum Gegenstand haben sollen. Doch auch dieses Projekt nimmt im Lauf der Jahre immer größere Ausmaße an, bis der Autor im Jahr 1859 eine erste Serie unter dem Titel *La légende des siècles (Die Legende der Jahrhunderte)* publiziert. Entstanden ist nun ein großes, zyklisches Werk, das die gesamte Geschichte der Menschheit umfaßt. Hugo nimmt die Idee des humanitären Epos auf, wie sie schon um 1830 von Frühsozialisten entwickelt worden ist. Die einzelnen, in sich relativ geschlossenen Kleinepen – sie reichen von der biblischen Geschichte über die Antike, das Christentum, den Islam, über Mittelalter, Renaissance und Revolution bis in die Gegenwart – sind Episoden, Stadien in der Geschichte der fortschreitenden Menschheit. Hugo wagt sogar einen Blick in die Zukunft: im Gedicht *Plein ciel* deutet er die Erfindung des Luftschiffs als Symbol einer zur Freiheit aufsteigenden Menschheit. Doch typisch ist auch für dieses Werk, daß die Geschichte der Menschheit in ein kosmisches Geschehen eingebunden wird. Der Schlußteil *Hors du temps (Außerhalb der Zeit)* vollzieht schon in der ersten Ausgabe (1859) diesen Schritt. In den später hinzugefügten Texten (1877/1883) wird diese Tendenz noch verstärkt durch das Einleitungsgedicht *Vision, aus der dieses Buch hervorgegangen ist* und das Schlußgedicht *Abîme (Abgrund)*. Das Heldenepos der Menschheit – und zu ihren Helden zählen vor allem die Niederen – ist wiederum Episode eines metaphysisch-kosmischen Epos, das sich am Ende ins Unendliche ausdehnt und in dem Gott selbst das letzte Wort hat. Einige Texte des Werkes gehören seither zum französischen Literaturkanon, insgesamt betrachtet ist jedoch *Die Legende der Jahrhunderte* ebenso wie *Gott* und *Das Ende Satans* ein unbekanntes Werk geblieben. Hugos Lyrik steht gleichsam quer zur Entwicklung der Modernität. Sie verlangt Leser, die es im Grunde zu Hugos Lebzeiten schon nicht mehr gibt, Leser, die sich in lange Texte zu vertiefen vermögen. Vielleicht hat Baudelaire die Zeichen der Zeit besser erkannt, wenn er alles Episch-Didaktische aus der Lyrik ausgrenzt und die poetischen Großformen zugunsten der kleinen verwirft, weil nur das Kurzgedicht die Einheit einer lyrischen Impression zu realisieren imstande sei.

Tuschezeichnung von Victor Hugo für das Titelblatt von «La légende des siècles» mit einer Widmung an Paul Meurice. Paris, Musée Victor Hugo

Daß Hugo auch ganz anders zu dichten vermag, zeigen die *Chansons des rues et des bois (Lieder der Straßen und der Wälder)*, die zwar erst 1865 in Buchform erscheinen, zum großen Teil aber bereits 1859 geschrieben worden sind. Schon Zeitgenossen sehen in ihnen eine Art Divertimento, ein Werk der Entspannung. Die Texte haben ausnahmslos heiteren Charakter, dies unterstreicht schon ihre Metrik: An die Stelle des eher feierlichen zehn- und zwölfsilbigen Verses, wie er für die epischen Gedichte typisch ist, tritt nun das leichtfüßige sechs- und achtsilbige Versmaß. Auch die Themen und Motive bestätigen diesen Eindruck: Trink-, Tanz- und Liebeslieder muten an wie eine permanente Aufforderung zu einem nie endenden Fest. Die freizügige und lustbetonte Lebensweise, die hier propagiert wird, hat Kritikern zu der Vermutung Anlaß gegeben, es handele sich um Bekenntnisse eines erotomanen Greises. In der Tat spielt die Person des Autors hier eine herausragende Rolle: Er ist in der Mehrzahl der Texte als Ich präsent, seine Biographie scheint auch die Gesamtkonstruktion des Bandes zu bestimmen. *Jugend* ist der erste, *Weisheit* der zweite Teil betitelt. Gleichwohl wäre es ein Irrweg, allein in der erotischen Biographie des Autors den Schlüssel für die Deutung zu suchen. Wenn Hugo im Vorwort auf die Erfahrung des Exils anspielt, so verweist er zugleich auf die historisch-gesellschaftlichen Entstehungsbedingungen des Bandes. Er bewegt sich in der Tradition des volkstümlichen Chansons, das in den dreißiger und vierziger Jahren mit Autoren wie Pierre-Jean Béranger und Pierre Dupont seinen Höhepunkt erreicht hat. Um 1848 ist es die bevorzugte Ausdrucksform der sozialen und politischen Hoffnungen des Volkes, verschwindet aber nahezu vollständig mit dem Untergang der Zweiten Republik. Als Hugo seine Texte verfaßt, haben viele der alten Liedermacher schon längst ihren Frieden mit Napoleon III. geschlossen. So gesehen füllt Hugo mit seinen Chansons, die nicht unmittelbar für den Gesang bestimmt sind und erst später zum Teil vertont werden, eine Lücke. Er vergegenwärtigt die hedonistische Tradition des einfachen Volkes, das der moralischen Fassaden der bürgerlichen Schichten nicht bedarf, seine trotz aller Armut ungebrochene Lebensfreude, aber auch – vor allem im letzten Teil, wo das Wir an die Stelle des Ich tritt – seine demokratisch-revolutionäre Tradition. Unausgesprochen handelt es sich auch um ein Verdikt über die «fête impériale», das ständige Bemühen des Kaiserreichs um glanzvolle Selbstdarstellung.

Victor Hugos Chansons dokumentieren auch den Willen, den Kontakt zur gesellschaftlichen Wirklichkeit des Zweiten Kaiserreiches nicht zu verlieren. So erklärt sich vielleicht die Tatsache, daß er nun zu seinem Vorhaben, einen großen Sozialroman zu verfassen, zurückkehrt. 1860 nimmt er die Arbeit an *Les misérables* wieder auf und schließt sie zwei Jahre später ab. Die Anfänge dieses Romans reichen bis in die frühen dreißiger Jahre zurück, große Teile sind zwischen 1845 und 1847 geschrieben worden, seine endgültige Gestalt kann er jedoch erst im Exil erhalten, die Erfahrungen der achtundvierziger Revolution, der Zweiten Republik und des Staatsstreichs, das heißt, die Wandlungen Hugos selbst haben im Lauf der Zeit die ursprüngliche Konzeption grundlegend verändert. Der Autor knüpft an die Tradition des Populärromans der vierziger Jahre an, an Feuilletonromane wie «Les mystères de Paris» (1842/43) von Eugène Sue und Sozialromane wie «Le meunier d'Angibault» (1845) von George Sand, die einerseits auf das Elend der Massen aufmerksam machen, andererseits aber auch das Volk in der Rolle einer gesellschaftlichen Avantgarde zeigen wollten. Hugo aktualisiert diesen Romantyp zu einem Zeitpunkt, als er in Frankreich schon fast vergessen scheint. Zugleich zielen aber seine Ambitionen noch sehr viel weiter. Der Roman liest sich wie das Ergebnis eines umfassenden Erinnerungsprozesses. Er enthält – geschichtsphilosophisch betrachtet – die Aufarbeitung und die Aktualisierung der revolutionären Tradition seit dem 18. Jahrhundert, ein Bemühen, das sich einerseits gegen das Selbstverständnis des Zweiten Kaiserreichs richtet, insofern dieses den Anspruch erhebt, das Zeitalter der Revolutionen beendet zu haben, andererseits aber auch gegen das Geschichtsverständnis großer Teile des Bürgertums, das zwar liberale Reformen befürwortet, grundlegende soziale Veränderungen jedoch verwirft.

Victor Hugo sieht sich vor das Problem gestellt, eine Geschichte zu erzählen, die diesen Ansprüchen Rechnung tragen kann. Ins Zentrum des Geschehens stellt er die Person des Plebejers Jean Valjean, dessen Selbstfindung in ihren verschiedenen Stadien die fünf Bücher des Romans beschreiben. Den entscheidenden Anstoß für die Wandlung des ehemaligen Sträflings gibt ein Mann der Kirche, der Bischof Myriel von Digne. In diese Figur hat Hugo sein Verständnis von Christentum projiziert, das Ideal einer Religion, die nicht auf seiten der Herrschenden und Besitzenden, sondern auf seiten der Ausgeschlossenen und Unterdrückten steht. Myriel ist gleichsam ein vorweggenommener «Theologe der Befreiung», wie er im 20. Jahrhundert in Lateinamerika oder auch in Frankreich auftreten wird.[74] Viele antiklerikal gesinnte Exilierte verzeihen Hugo diesen «Fehlgriff», wie sie meinen, nicht. Doch der Autor geht noch einen Schritt weiter. In der Begegnung zwischen Myriel und dem Ex-Revolutionär G. realisiert er die Allianz zwischen zwei unversöhnlich einander gegenüberstehenden geistigen Traditionen Frankreichs. Auch dies ist ein Ideal, das dem Autor vorschwebt: die Synthese von Revolution und Evangelium.

Myriel gelingt es, durch Vertrauen und Sympathie den unbändigen Haß Valjeans gegen die bestehenden Verhältnisse in die Bereitschaft zu praktischer Solidarität und Brüderlichkeit zu verwandeln. Indem er ihn vor dem erneuten Zugriff durch die Justiz bewahrt, eröffnet er ihm die Chance, ein nützliches Mitglied der Gesellschaft zu werden. Unter dem Pseudonym Madeleine läßt er sich als philanthropischer Unternehmer nieder, dessen Betrieb ein Modell ökonomischen Fortschritts und sozialer Gerechtigkeit wird. Er nimmt sich der Armen an, etwa der jungen Fantine, die durch männlichen Egoismus in Not geraten ist und zur Prostitution gezwungen wurde. In dem Augenblick, da er in Gefahr gerät, als ehemaliger Sträfling erkannt zu werden, flüchtet er zusammen mit Cosette, der Tochter Fantines, nach Paris, um dort unterzutauchen, ständig verfolgt von Javert, der die gnadenlose Repression einer inhumanen Justiz verkörpert. Sie finden schließlich in einem Kloster Zuflucht, in dem Cosette erzogen wird. Marius Pontmercy, Sohn eines napoleonischen

Victor Hugo und die junge Republik (wie Jean Valjean und Cosette). Zeichnung von Adolphe-Léon Willette in «La Plume», 15. Juli 1893. Paris, Musée Victor Hugo

Offiziers, der sich einem republikanisch-sozialistischen Geheimbund angeschlossen hat und sich am Aufstand vom Juni 1832 beteiligt, verliebt sich in das Mädchen, zu dem Valjean ebenfalls eine tiefe Zuneigung empfindet. Doch am Ende steht dessen Selbstüberwindung, er rettet nicht nur den verletzten Marius aus den Barrikadenkämpfen, er ermöglicht auch die Heirat zwischen den beiden jungen Leuten, die gleichsam symbolisch eine Fusion der verschiedenen Klassen verwirklicht.

Jeder Versuch, auf diese Weise die Haupthandlung zu resümieren, kann letztlich dem Werk nicht gerecht werden. Die äußerst komplexen Intrigen, die häufig unterbrochen und später wiederaufgenommen werden, sind nur ein Aspekt der Gesamtkonstruktion. Viel mehr noch als in früheren Erzählwerken fügt der Autor Nebenepisoden und Nebenfiguren (wie etwa den Straßenjungen Gavroche) sowie Abhandlungen über sprachhistorische, stadtgeschichtliche oder religiöse Themen hinzu. Von besonderer Bedeutung ist in diesem Kontext die ausführliche Darstellung des republikanisch-sozialistischen Aufstands von 1832, der getragen wird von der Geheimgesellschaft der Freunde des ABC, ein doppelsinniger Name, der zum einen auf die erzieherische Absicht hinweist, andererseits aber auch auf den Gedanken der Solidarität mit den Erniedrigten («abaissés»). Der Aufstand scheitert, aber nur vorläufig, wie der Erzähler deutlich

Gavroche, der Träumer. Feder- und Tuschezeichnung von Victor Hugo. Illustration zu «Les misérables». Paris, Musée Victor Hugo

macht, weil das Volk abseits steht und die revolutionäre Avantgarde allein handeln läßt, doch er nimmt zugleich Zukünftiges vorweg, insofern er das unbesiegbare Bündnis zwischen *denen, die denken und denen, die leiden* antizipiert. Darin unterscheidet sich dieser Aufstand auch, so der Erzähler, vom Juniaufstand des Jahres 1848, der eine Revolte gegen das Grundprinzip der Republik war und insofern ein Aufstand der Citoyens gegen sich selbst.

Dieses Werk geht über die Grenzen des traditionellen Romans weit hinaus, es nimmt die Ausmaße eines historischen und zugleich theologischen Epos an. Es ist, wie ein Interpret gesagt hat, ein «gigantischer Beweis Gottes und der Seele»[75]. Reflexion und Vision treten als gleichberechtigte Textformen neben Erzählung und Beschreibung. Der Roman beruht freilich auf ästhetischen Prinzipien, die den Vorstellungen vieler zeitgenössischer Schriftsteller schon nicht mehr entsprechen. Dies gilt insbesondere für jene, die als Erzähler kommentarlos ihre Geschichten präsentieren wollen wie etwa die sogenannten Realisten. Insgesamt reagiert die französische Kritik der Epoche eher abweisend. Lamartine, der alte romantische Mitstreiter Hugos, nennt *Les misérables* ein «Epos der Canaille», und er warnt den Autor davor, bei den Massen Hoffnungen zu wecken, die sich nicht erfüllen lassen. Vernichtend fällt auch das Urteil der jungen Schriftstellergeneration aus: Barbey d'Aurevilly, Flaubert und die Brüder Goncourt sind sich in der Ablehnung des Romans einig. Baudelaire lobt in einer Rezension das Werk – wohl aus Respekt vor dem Exilierten –, verwirft es aber in einem Brief an seine Mutter. Es sind zum Teil ästhetische, zum großen Teil aber auch politisch-ideologische Vorbehalte, die gegen den Roman angeführt werden. Sehr bald dominiert die Befürchtung, er könne aus den Salons in die Fabriken gelangen und so subversive Konsequenzen haben.

Doch das große Publikum ist begeistert. Kein Roman hat seit zwei Jahrzehnten eine solche Resonanz gefunden. Auch finanziell wird er zu einem großen Erfolg. Der Verleger Lacroix erwirbt die Publikationsrechte für zwölf Jahre gegen die Zahlung von 300000 Francs. Nie zuvor ist Hugo eine solche Summe geboten worden. Aber nicht nur aus diesem Grund sieht er sich in seinen Hoffnungen und Erwartungen bestätigt. Wichtig ist ihm vor allem, daß gerade diejenigen, für die er diesen Roman geschrieben hat, ihn auch als «ihr» Werk adoptieren. Kein zweites Werk der französischen Erzählliteratur kann sich einer vergleichbaren Popularität rühmen.

Im Frühjahr 1866 erscheint Hugos nächster Roman, *Les travailleurs de la mer* (*Die Arbeiter des Meeres*, auch: *Das Teufelsschiff*). Das Vorwort des Autors stellt ihn in eine Reihe mit *Notre-Dame de Paris* und *Les misérables*, erklärt ihn zum dritten Teil einer Trilogie, deren Thema die dreifache Fatalität ist, aus deren Zwängen sich der Mensch zu befreien sucht: die Fatalität der Dogmen (Religion), der Gesetze (Gesellschaft) und der Dinge (Natur). Dem Kampf des Menschen mit der Natur ist folglich der neue Roman gewidmet. Der Autor fügt allerdings hinzu, es gebe noch eine vierte, innere Fatalität, das menschliche Herz. Die Geschichte, die der Roman erzählt, ist – ganz im Gegensatz zu *Les misérables* – wenig komplex und läßt sich auf ihren Kern reduzieren. Aufgrund krimineller Machenschaften seines Kapitäns verliert der Reeder Lethierry aus Guernsey sein Dampfschiff «La Durande», das gleichsam die Hoffnung auf technischen Fortschritt verkörpert. Es liegt eingekeilt zwischen den Küstenklippen und ist den Naturgewalten ausgeliefert. Lethierry sieht nur einen Ausweg: Er verspricht die Ehe mit seiner Tochter Déruchette demjenigen, der in der Lage ist, das Schiff in den Hafen zurückzubringen. Nur der Fischer Gilliatt wagt dieses Unternehmen. Nach heroischem Kampf mit den Elementen gelingt ihm die Rettung des Schiffes. Gleichwohl verzichtet er auf die Ehe mit Déruchette, weil er weiß, daß sie einen anderen liebt.

Einmal mehr hat Hugo eine Figur zum Helden gemacht, die zu den Marginalisierten zählt. Doch gerade Gilliatt erweist sich als der einzige, der bereit ist, sein Leben aufs Spiel zu setzen, um anderen zu helfen. Sein Kampf mit den Naturgewalten, schließlich aber auch mit dem großen «Untier», einem Riesenkraken, bildet einen der Schwerpunkte des Romans. Der Erzähler erweckt den Eindruck, als wolle er eine Natur zeigen, die sich der Herrschaft des Menschen mit allen Mitteln zu widersetzen versucht. Fast mag es scheinen, als stiegen aus dem kollektiven Unbewußten Phantasmen empor, die geboren sind aus der Angst, die unterworfene Natur wolle sich am Menschen für seine Eingriffe in die Gesetze des Kosmos rächen. Und auch die Beherrschung der Naturgewalten erweist sich letztlich als zwecklos, wenn das Individuum Opfer seines persönlichen Schicksals wird. Die tragisch-pathetische Schlußszene zeigt einen Gilliatt, der von einer Felsenklippe aus verfolgt, wie die Liebenden in einem Schiff am Horizont verschwinden, bis er selbst langsam in der ansteigenden Flut versinkt. Nie zuvor hat Hugo ein so düsteres, pessimistisches Werk geschrieben.

Auch dieser Roman ist zunächst ein Publikumserfolg. François-Victor schreibt an seinen Vater: «Dein Erfolg ist immens, universell. Niemals habe ich eine solche Einmütigkeit gesehen. Sogar der Triumph von *Les misérables* ist übertroffen. Diesmal hat der Meister ein Publikum gefunden, das seiner würdig ist. […] Dein Name ist in allen Zeitungen, auf allen Mauern, in allen Schaufenstern, in aller Munde.»[76] Selbst der junge Zola, der bald ganz andere Wege gehen wird, ist von dem Roman begeistert. Der große Krake avanciert zu einem Pariser Modephänomen: «chapeaux pieuvre» (Krakenhüte) werden lanciert, Restaurants nach dem Untier benannt. Vom Erfolg ermutigt, gestattet der Autor diesmal

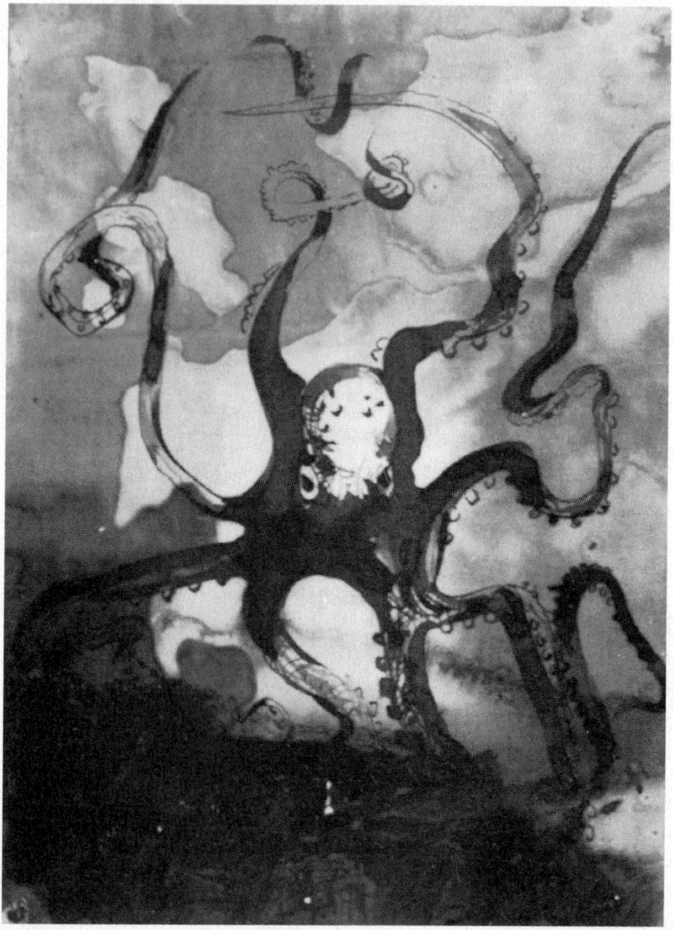

Der Riesenkrake. Tuschezeichnung von Victor Hugo

auch die Publikation im Feuilleton einer Tageszeitung. Doch die langfristige Aufnahme dieses Romans wird anders aussehen: Er zählt zu den eher vergessenen und vernachlässigten Werken Hugos.

Der letzte Roman des Exils, *L'homme qui rit (Der Mann mit dem Lachen)*, erscheint 1869. Auch er ist konzipiert als Teil einer Trilogie. Sie soll die großen historischen Umwälzungen der Neuzeit zum Thema haben: 1. England nach 1688 (= *Der Mann mit dem Lachen*); 2. Frankreich vor 1789; 3. Frankreich in der Revolution. Der zweite Roman bleibt Projekt, der dritte erscheint 1874 unter dem Titel *Quatrevingt-treize (Dreiundneunzig)*. Politisch ausgedrückt handelt es sich um die in Hugos Augen exemplarischen Herrschaftsformen Aristokratie, Monarchie und Demokratie.

Der Mann mit dem Lachen spielt zwischen 1690 und 1705 in England, wo nach der «glorreichen Revolution» von 1688 der Adel erneut die Herrschaft übernommen hat. Die zentrale Figur Gwynplaine, Sohn eines demokratisch gesinnten und im Exil lebenden Aristokraten, ist auf Befehl des Königs als Kleinkind durch Messerstiche verstümmelt (daher sein unvermeidliches Grinsen) und an der Küste ausgesetzt worden. Gaukler haben ihn aufgenommen und großgezogen. Die Reisen dieser Gauklertruppe durch das Land bieten dem Erzähler die Gelegenheit, ein Panorama der sozialen Zustände zu entwerfen, die durch Armut, Korruption und Gewalt gekennzeichnet sind. Als jedoch die Herkunft Gwynplaines aufgedeckt wird, darf er das Erbe seines Vaters antreten und Mitglied des Oberhauses werden. Die Rede, die er vor seinen Standesgenossen hält, hat im Roman eine zentrale Bedeutung. Sie demaskiert das bestehende Herrschaftssystem und ist zugleich Prophetie des Gerichts. *Ich bin ein Monstrum, sagt ihr. Nein, ich bin das Volk. Ich bin eine Ausnahme? Nein, ich bin jedermann. Die Ausnahme seid ihr. Ihr seid die Chimäre, und ich bin die Wirklichkeit. Ich bin der Mensch. Ich bin der schreckliche Mensch mit dem Lachen. Worüber lacht er? Über euch, über sich selbst. Über alles. Was ist sein Lachen? Euer Verbrechen und seine Qual. […] Ich lache, das will sagen: Ich weine.* Das Lachen der Adligen verstummt, und er fährt fort: *Ich bin ein Symbol. Ich stelle die Menschheit dar, so wie ihre Herren sie gemacht haben. Der Mensch ist entstellt. Was man mir angetan hat, hat man der menschlichen Gattung angetan. […] Ich bin das Volk. […] Heute unterdrückt ihr es, heute verhöhnt ihr mich. […] Es wird die Stunde kommen, wo eine Umwälzung eure Unterdrückung zerbricht. Es ist das Volk, das kommt, sage ich euch, es ist der Mensch, der aufsteigt, es ist das Ende, das beginnt, die rote Morgendämmerung der Katastrophe.*[77] Doch am Ende weicht das momentane Entsetzen der Lords einem schallenden Hohngelächter. Gwynplaine kehrt zu denen zurück, die ihm Asyl gegeben haben. Auch der Versuch, den Sinn seines Lebens in der Liebesbeziehung zu finden, scheitert. Falls sich dieses Werk als Initiationsroman oder Bildungsroman deuten läßt, wie französische Literarhistoriker vorschlagen, so handelt es sich doch um einen Erziehungsprozeß, der auf Selbstverleugnung und Selbstopferung hinausläuft.[78]

Es kann nicht verborgen bleiben, daß der Autor, ähnlich wie im vorausgegangenen Roman, darum bemüht ist, eine ausweglos-tragische Situation darzustellen. Hatte sie in *Les travailleurs de la mer* noch fast ausschließlich individuellen Charakter, so nimmt sie nun historische Dimensionen an. Gewiß kann Hugo zu seiner Rechtfertigung anführen, daß es hier nicht um die Darstellung von Zuständen des 19., sondern des 17. und 18. Jahrhunderts geht, die historische Wende der Großen Revolution mithin noch nicht stattgefunden habe. Gleichwohl fällt der Schatten auch auf seine eigene Zeit. Wird die ersehnte Veränderung in Gestalt einer apokalyptischen Umwälzung aller Dinge und nicht in Form eines friedlichen Übergangs kommen? Es ist daran zu erinnern, daß zeitgenössische Autoren wie Baudelaire und Leconte de Lisle, aber auch Flaubert und selbst Émile Zola gleichsam als Propheten der Katastrophe Weltuntergangsvisionen in ihren Werken darstellen. Trotz oder gerade angesichts des technischen Fortschritts herrscht unter den Intellektuellen der Epoche eine Art Endzeitstimmung. Hugo versucht, ihr zu widerstehen, was ihm in *L'homme qui rit* jedoch kaum gelingt.

Anders als die beiden vorausgegangenen Romane wird dieser zu einem eklatanten Mißerfolg. Hugo muß erfahren, wie sehr sich die literarische Konjunktur in Frankreich gewandelt hat. Gefragt ist nicht mehr der historische Roman, sondern ein Roman, der die zeitgenössischen Zustände zum Thema hat wie etwa Flauberts «Éducation sentimentale» oder Zolas naturalistische Erzählwerke, die sich an den Prinzipien der Naturwissenschaften orientieren. Hugo droht, zu einem anachronistischen Autor zu werden, und er ist sich dessen bewußt: *Es ist gewiß, daß*

Charles Baudelaire, 1861/62.
Foto von Étienne Carjat

ein Abstand entsteht zwischen meinen Zeitgenossen und mir. Wenn der Schriftsteller nur für seine Zeit schriebe, müßte ich meine Feder zerbrechen und wegwerfen.[79]

Manche Biographen Hugos haben versucht, die tragisch-pessimistische Stimmung, die sich aus den späten Werken des Exils ablesen läßt, mit seinen persönlichen Erfahrungen zu erklären. Sein Exil dauert länger, als er es je hat vermuten können. Mag er es auch frühzeitig als seine Bestimmung akzeptiert haben, er spürt nun, daß in den Jahrzehnten der Abwesenheit in Frankreich Veränderungen stattgefunden haben, die er zwar rational zu verstehen versuchen kann, emotional aber eigentlich nicht mehr nachzuvollziehen vermag. Er teilt das Los aller Exilierten, die nur schwer akzeptieren können, daß das Land, das sie verlassen mußten, nach zwei Jahrzehnten nicht mehr dasselbe ist. Vielleicht hat Baudelaire recht, der in seinem Gedicht «Le cygne» («Der Schwan»), 1859 geschrieben und Hugo gewidmet, gerade dieses Syndrom der Exilierten darstellt: «Das alte Paris existiert nicht mehr, ach, die Form einer Stadt ändert sich schneller als das Herz eines Sterblichen [...]. Ich denke an einen jeden, der verloren hat, was sich nie, nie wiederfinden läßt.»[80]

Künstlerisch gelungene Dokumente der Stimmungslage Hugos sind auch die Aquarelle und Tuschezeichnungen, die er gerade in diesen Jahren malt. Es sind Bilder einer düsteren Welt, wie sie für ihn bis dahin wenig charakteristisch war. Was die Techniken angeht, bewegen sie sich jenseits aller akademischen Zwänge und weisen schon voraus auf impressionistische oder gar abstrakte Darstellungsweisen.

Es ist vielleicht auch kein Zufall, daß die Distanz zu den französischen Verhältnissen ihn veranlaßt, sich wieder dem Theater zuzuwenden. Er nennt das neue Projekt *Théâtre en liberté (Theater in Freiheit)*. Freiheit bedeutet für ihn Unabhängigkeit von staatlicher Zensur, zugleich aber auch Unabhängigkeit von einem Publikum, das alle Neuerungen auf der Bühne ablehnt. Hugo weiß, daß die Stücke nicht zur Aufführung gelangen werden, doch gerade diese Erkenntnis scheint seine szenische Kreativität freizusetzen. Die Texte resümieren gleichsam wie in einem Brennspiegel das französische Theater des 19. Jahrhunderts, und sie spielen mit allen Formen der Epoche (historisches Drama, Melodrama, Boulevardkomödie). Doch die technischen Neuerungen sind nur die eine Seite seines Vorhabens. Es soll zugleich ein Theater sein, das von der Macht der Schwachen Zeugnis ablegt. Unter den insgesamt acht Stücken ragen vor allem zwei hervor: das historische Drama *Torquemada* und die Sozialkomödie *Mille francs de récompense*. Das erstgenannte thematisiert die spanische Inquisition in der Gestalt des ersten Großinquisitors. Torquemada fasziniert und schreckt zugleich ab; er ist die negative Seite des Intellektuellen, der seine Ideen mit monomanischer Konsequenz verwirklicht. Das zweite Stück dominiert die Figur eines entflohenen Sträflings,

Landschaftsskizze. Tuschezeichnung und Bleistiftfrottage von Victor Hugo aus der Zeit des Exils. Paris, Musée Victor Hugo

gleichsam eine Mischung aus Jean Valjean und Gavroche, der Schicksal spielt, indem er mit List die Handlung zu einem guten Ende führt. Zugleich ist er der ironische Kommentator der versteinerten gesellschaftlichen Verhältnisse und am Ende auch der einzige Verlierer. Hugo überbietet die Prinzipien der Komödie bis hin zum Grotesken, indem er zeigt, daß die glücklichen Lösungen ausschließlich Theaterlösungen sind und der Wirklichkeit kaum entsprechen.

Zahlreiche Biographen Hugos führen die pessimistische Stimmung dieser Jahre auf die familiäre Situation zurück. Seine Tochter Adèle verfällt dem Wahnsinn, sein Sohn Charles kehrt nach Paris zurück, und seine Frau verläßt 1865 für zwei Jahre Hauteville-House. Nur Juliette Drouet bleibt in seiner Nähe. Allerdings betritt sie auch jetzt sein Haus nicht, obwohl er darum bittet. «Erlaube mir», so schreibt sie, «dieses Glück und diese Ehre zurückzuweisen, im Namen von dreißig Jahren Zurückhaltung, Diskretion und Respekt gegenüber Deinem und meinem Haus.»[81] Beide verlassen nur selten Guernsey, um Reisen nach Brüssel und von dort aus an den Rhein zu machen, die über Aachen und Köln nach Karlsruhe und Heidelberg führen. Im August 1868 trifft er sich in Brüssel mit seiner Frau. Es ist ihre letzte Begegnung. Zuvor schreibt ihm Adèle: «Es ist das Ende meines Traums, in Deinen Armen zu sterben.»[82] Nach einer gemeinsamen Kutschfahrt durch die belgische Hauptstadt erleidet sie einen Schlaganfall, an dessen Folgen sie in den Morgenstunden des 27. August stirbt. Hugo notiert in seinem Tagebuch: *Ich habe ihr die Augen geschlossen. Ach! Gott wird diese sanfte und große Seele aufnehmen, ich gebe sie ihm zurück.*[83] Ihrem Wunsch entsprechend wird der Leichnam nach Villequier überführt und an der Seite Léopoldines beigesetzt. Hugo begleitet sie bis zur französischen Grenze. Bevor der Sarg geschlossen wird, nimmt er Abschied von der Verstorbenen. In seinem Tagebuch liest sich diese Szene so: *Ich habe Blumen genommen, die da lagen. Mit ihnen den Kopf umgeben. Ich habe um den Kopf einen Kranz weißer Margeriten gelegt, ohne das Gesicht zu verbergen; dann habe ich Blumen auf den ganzen Körper gestreut und den Sarg damit angefüllt. Schließlich habe ich sie auf die Stirn geküßt und ihr ganz leise gesagt: Sei gesegnet. – Dann habe ich lange vor ihr gekniet. […] Als der Sarg geschlossen war, habe ich ihn geküßt. […] Bevor wir abfuhren, habe ich schwarze Kleider angezogen, die ich nicht mehr ablegen werde.*[84] Versöhnliche Schlußinszenierung oder aufrichtige Trauer? Es ist schwer, Hugos wirkliche Gefühlslage zu durchschauen und zu verstehen. Jahrzehntelang ist diese Ehe doch eher

Mme Adèle Hugo auf dem Totenbett

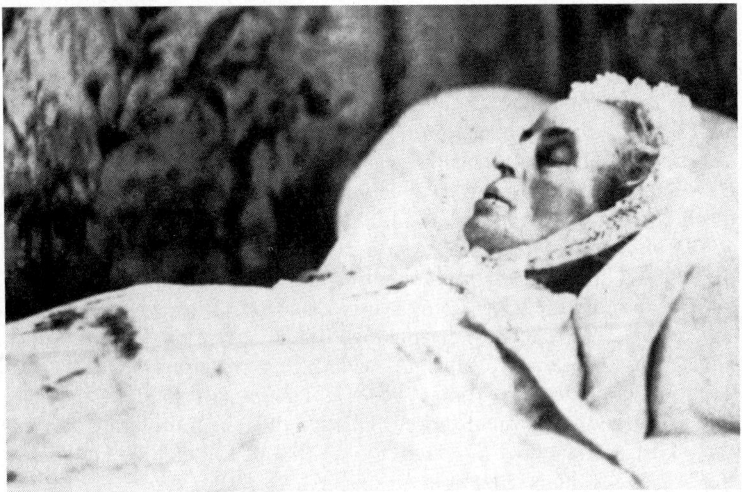

ein kluges Arrangement gewesen um der Familie willen und auch, um den gesellschaftlichen Schein zu wahren. Beide haben diese Situation akzeptiert. Hat Hugo zum erstenmal wieder in der Todesstunde das Gefühl, daß Adèle, die er einst aus Liebe geheiratet hat, erneut und endgültig sein ist? Auf den Grabstein läßt er die Worte meißeln: «Adèle, femme de Victor Hugo».

Ob all diese Ereignisse, die privaten ebenso wie die gesellschaftlichen, Hugos Selbstverständnis erschüttert haben, ist nur schwer zu beurteilen. Was ihn zeit seines Lebens antreibt, ist ein mutiges «Trotzdem», der unbeugsame Wille, eigene Niederlagen in Siege zu verwandeln. Dies gilt nicht zuletzt für die Mission, die, so meint er, dem Künstler im fortschreitenden Prozeß der Zivilisation zukommt. Mögen die Jüngeren – Baudelaire, Stéphane Mallarmé und Flaubert – schon längst an dieser Mission zweifeln, Hugo hält unbeirrt an ihr fest. Es gibt keinen zweiten Lyriker des 19. Jahrhunderts, der so zahlreiche Gedichte über die *Fonction du poète*, wie schon ein Text von 1839 betitelt ist, geschrieben hat. Das Gedicht *Les mages (Die Magier)* aus *Les contemplations* ist vielleicht das bekannteste Beispiel. *Wozu braucht ihr Priester*, fragt er dort gleich im ersten Vers, *wo ihr doch Künstler unter euch habt?*[85] Sie sind die neuen Priester, die die Menschen mit dem Absoluten in Verbindung treten lassen. Aus Anlaß der dreihundertsten Wiederkehr des Geburtstags Shakespeares 1864 verfaßt er ein Manifest, das gleichsam das späte Pendant zur *Préface de Cromwell* darstellt. Es ist zunächst als Vorwort zur Shakespeare-Übersetzung seines Sohnes François-Victor gedacht, nimmt aber schließlich solche Ausmaße an, daß es nur noch separat publiziert werden kann. Wie sich bald zeigt, geht es Hugo nur beiläufig um eine kritische Würdigung des Engländers, hauptsächlich aber um die Darstellung seiner eigenen Konzeption von Literatur. Er bemüht sich zunächst um die Legitimation des Genies: Es steht, tragisch und erhaben zugleich, jenseits aller Kritik und des historischen Wandels. Eine gemeinsame Ebene, ein gemeinsames Maß gibt es nur zwischen den Genies selbst, nicht aber zwischen ihnen und den gewöhnlichen Sterblichen. Merkmale des Genies sind Beobachtungsgabe, Phantasie und Intuition. In einem Kapitel, das letztlich nicht in die Schrift aufgenommen wird *(Promontorium somni)*, heißt es: *Jeder Träumer trägt diese imaginäre Welt in sich. Eine momentane oder partiell vernunftwidrige Geisteshaltung ist keineswegs ein seltenes Faktum, weder bei Individuen noch bei Nationen.*[86] Hugo, ein Apologet der unbewußten und irrationalen Kräfte des Menschen oder gar des Wahnsinns? Dies klingt nicht nur wie eine späte Rechtfertigung gewisser romantischer Vorstellungen, sondern auch wie eine Vorwegnahme surrealistischer Positionen. Dem Autor muß die Passage so mißverständlich erschienen sein, daß er sie letztlich in *William Shakespeare* nicht aufnimmt.

Diese vielleicht schon anachronistische Apotheose des Genies ist aber nur die eine Seite seiner Literaturkonzeption, deren andere die privilegierte Beziehung des Künstlers zu den Massen. Die Aufgabe des Schriftstellers ist die *Verwandlung der Menge in Volk*, das heißt die Erziehung der Massen zu selbstbewußten Citoyens. Diesem Ziel kann aber nur eine Dichtung gerecht werden, die dem Prinzip der Nützlichkeit im Dienst des Fortschritts verpflichtet ist. Der Tempel der Kunst darf folglich nicht den Leitspruch führen «Kein Eintritt», seine Türen müssen vielmehr weit geöffnet sein nach dem Prinzip «Alles für alle». Die Literatur, die diesem Programm entspricht, nennt Hugo *littérature de peuple (Volksliteratur)*. Daher kann er auch statuieren: *Romantik und Sozialismus sind dasselbe Faktum.*

Der Autor spricht hier Probleme und Zusammenhänge an, die bis heute keine moderne Massengesellschaft gelöst hat. Wie kann es eine demokratische Zivilisation geben, das heißt eine Gemeinschaft selbstbewußter Bürgerinnen und Bürger, wenn die Kunst das Privileg einer gebildeten Minderheit bleibt?

Mag sich in den letzten Jahren des Exils Hugos Eindruck verstärken, daß sein Einfluß auf die innere Entwicklung Frankreichs abnimmt, so kann er im Hinblick auf seine internationale Bedeutung das Gegenteil feststellen. Weltweit werden sein Rat und seine Unterstützung gern in Anspruch genommen. Schon seit Mitte der fünfziger Jahre ergreift er für die italienische Einigungsbewegung Partei, Giuseppe Mazzini und Giuseppe Garibaldi zählen zu seinen Freunden. Im Jahr 1859/60 verwendet er sich für John Brown, einen der weißen Vorkämpfer für die Befreiung der schwarzen Sklaven in den Vereinigten Staaten, den man zum Tod verurteilt hat. Sollte er hingerichtet werden, so Hugo, wäre dies nicht nur ein Verbrechen gegen das Recht dieser Person, sondern auch das Symptom eines bald ausbrechenden Bürgerkriegs. Hugos Warnungen werden nicht beachtet, aber die Geschichte gibt ihm recht. Als sich im Jahr 1863 Polen gegen die Fremdherrschaft des Zarenreichs erhebt, unterstützt er einen Aufruf Alexander Herzens an die russische Armee. 1862 wird die Republik Mexiko Opfer einer Invasion napoleonischer Truppen. Der rechtmäßige Präsident, Benito Juárez, wendet sich an Hugo, der mit einem Aufruf an die Aufständischen von Puebla antwortet: *Nicht Frankreich führt Krieg gegen euch, sondern das Kaiserreich. [...] Euer heroischer Widerstand stützt sich auf das Recht und hat die große Gewißheit, die Gerechtigkeit auf seiner Seite. Das Attentat gegen die mexikanische Republik setzt das Attentat gegen die französische Republik fort.*[87] Zu Beginn des Jahres 1870 erreicht ihn ein Hilferuf aus Kuba, das sich gegen die spanischen Kolonialherren erhoben hat. Zunächst sind es Frauen, die sich an ihn wenden, und er antwortet ihnen: *Kubanerinnen, ich höre eure Klage. Ihr Verzweifelten wendet euch an mich. Ihr Flüchten-*

den, ihr Märtyrerinnen bittet einen Besiegten um Hilfe. Wer sind wir? Die Schwachheit. Nein, wir sind die Stärke. Denn ihr seid das Recht, und ich bin das Gewissen. […] Ein Volk besitzt ein anderes Volk ebensowenig wie ein Mensch einen anderen Menschen besitzt.[88] Gleichzeitig bitten ihn die Führer der Aufständischen um die Verteidigung ihres Rechts. Hugo: *Es mag sein, daß die Zivilisation die Kolonisierung einschließt und die Kolonisierung die Vormundschaft. Aber Kolonisierung kann nicht Ausbeutung bedeuten und Vormundschaft nicht Sklaverei. […] Kuba ist mündig. Kuba gehört nur Kuba.*[89] Dank solcher Parteinahme wird Hugos Dichtungskonzeption zu einem Modell für zahlreiche lateinamerikanische Autoren wie etwa den Kubaner José Martí und (später) den Nicaraguaner Rubén Darío, die sich um die Verwirklichung einer unabhängigen Kultur im kosmopolitischen Kontext bemühen.

Hugos Engagement reicht längst über die Grenzen der Nationalkultur hinaus. Die Vereinigten Staaten von Europa sind sein mittelfristiges Programm, sein Ziel jedoch die soziale und demokratische Weltrepublik. Sehr schön dokumentiert dies sein Beitrag zur Internationalen Friedensbewegung, deren Lausanner Kongreß er im Jahr 1869 mit den Worten beschließt: *Ich fordere die Vereinigung der Republik mit dem Sozialismus. […] Der Sozialismus ist weit, nicht eng. […] Er umfaßt die gesamte Konzeption der Gesellschaft. […] Er proklamiert die Unverletzlichkeit des menschlichen Lebens. […] Er proklamiert das Recht der Frau, die dem Mann gleich ist. […] All das ist auch die Republik.*[90] Hugo wird zunehmend aufmerksam auf die Situation des Proletariats, wie etwa seine Adresse an US-amerikanische Arbeiterführer deutlich macht, ohne sich allerdings marxistischen oder anarchistischen Positionen zu nähern.[91]

Das internationale Engagement verstellt ihm jedoch nicht den Blick für die französischen Zustände. Aus Anlaß der Pariser Weltausstellung von 1867 geben demokratisch gesinnte Autoren einen Paris-Führer heraus, eine Art Replik auf das regimetreue Paris-Album. Hugo schreibt die Einleitung und insistiert auf der revolutionären Tradition der Metropole. Paris gilt ihm als Symbol der Demokratie, die Weltausstellung als Manifestation eines Fortschritts, der eine Zukunft eröffnet, die die Gespenster der Vergangenheit, Elend, Unwissenheit und Krieg, nicht mehr kennt. Bald werden Ereignisse eintreten, die diese Überzeugung auf die Probe stellen.

Rückkehr nach Frankreich, neue Kämpfe und Apotheose (1870–1885)

Ich werde zurückkehren, wenn die Freiheit zurückkehrt.[92] Mit diesen Worten hat Hugo auf das Amnestieangebot Napoleons III. im Jahr 1859 geantwortet. Er zeigt sich nicht bereit, Kompromisse mit dem Usurpator zu schließen, auch wenn sich in den späten sechziger Jahren ein Wandlungsprozeß des Kaiserreichs andeutet. Außenpolitische Mißerfolge und das Erstarken der inneren Opposition lassen Reformen geboten erscheinen. Im Frühjahr 1870 setzt Napoleon, um seine Legitimation zu stärken, ein Plebiszit an, das liberale Reformen bestätigen soll. Ein letztes Mal gelingt es ihm, die Mehrheit der Wähler auf seine Seite zu ziehen. Das Kaiserreich ist, so scheint es, gerettet. Ein knappes halbes Jahr später wird es zusammenbrechen.

Seismograph und zugleich Organ der erstarkenden Opposition ist die Presse, die sich langsam der Domestizierung durch das napoleonische Regime entzieht. Auch der Kreis um Hugo beteiligt sich aktiv an der Renaissance des kritischen Journalismus. Ermutigt und finanziell unterstützt durch ihren Vater, gründen Charles und François-Victor Hugo zusammen mit Vacquerie und Meurice das Blatt «Le Rappel». Es spricht eine republikanische Leserschaft an, die sich von den Kompromissen des Kaisers nicht täuschen lassen will.

Letztlich ist es aber die internationale politische Entwicklung, die das baldige Ende des Zweiten Kaiserreichs herbeiführt. Seit langem hat sich ein Konflikt zwischen Frankreich und Preußen angekündigt. Hilflos muß Paris zusehen, daß Berlin unter der Führung Bismarcks zur beherrschenden Macht auf dem Boden des alten Deutschen Reiches wird. Der Kanzler zielt auf die deutsche Einheit unter der Führung Preußens und längerfristig wohl auch auf die Vorherrschaft unter den europäischen Mächten. Schließlich wird ein eher unbedeutender Anlaß zum Auslöser für den Krieg. Als ein Hohenzollernprinz auf den spanischen Thron gerufen werden soll, wendet sich die französische Diplomatie mit einem Protestschreiben direkt an den preußischen König, dessen Antwort aufgrund der Redaktion durch Bismarck für Paris zu einer unannehmbaren Provokation wird. Am 19. Juli 1870 erklärt Frankreich Preußen den Krieg.

Zwar löst dies in Paris eine Welle patriotischer Begeisterung aus («Nach Berlin, nach Berlin»), doch im Grunde sind die französischen Truppen auf eine militärische Auseinandersetzung kaum vorbereitet. Der Vormarsch der preußischen und der mit ihnen verbündeten deutschen Armeen scheint unaufhaltsam. Die ersten Schlachten gehen verloren, große Teile des Elsaß und Lothringens werden besetzt. Als die Armee Marschall Mac-Mahons sich in Sedan zu reorganisieren versucht, wird sie von den Deutschen eingekreist und muß am 2. September kapitulieren. Napoleon selbst gerät mit mehr als 100000 Soldaten in Gefangenschaft. Früher oder später wird, so muß es aussehen, die Belagerung der Hauptstadt unvermeidlich sein.

Inzwischen versucht in Paris die Opposition, die Macht zu übernehmen, und die Repräsentanten des Kaiserreichs leisten kaum noch Widerstand. Am Abend des 4. September wird im Hôtel de Ville die Absetzung des Kaisers beschlossen, die Republik ausgerufen und eine Regierung der Nationalen Verteidigung gebildet. Die internen Differenzen unter den Regimegegnern sind damit jedoch keineswegs überwunden, vor allem bleibt die Frage ungelöst, welche Strategie gegenüber den feindlichen Truppen anzuwenden ist.

Victor Hugo hat die Zuspitzung der Beziehungen zwischen Frankreich und Deutschland mit Sorge, aber im Grunde auch mit Unverständnis verfolgt. Seine Zukunftsvision ist auf wachsende Kooperation zwischen den Nationen gegründet, ein Kampf um gegenseitige Unterwerfung erscheint ihm anachronistisch. Am 22. Juli 1870 schreibt er an die Frauen von Guernsey einen Brief, in dem es heißt: *Zwei Völker werden sich gegenseitig umbringen, zum Vergnügen zweier Fürsten. Während die Denker die Zivilisation vervollkommnen, perfektionieren die Könige den Krieg. Dieser wird gräßlich sein. […] Mütter, Schwestern, Frauen werden weinen.*[93]

Er befindet sich in Brüssel, als er am Abend des 4. September von der Absetzung des Kaisers erfährt. Tags darauf löst er eine Fahrkarte nach Paris. *Seit zwanzig Jahren warte ich auf diesen Augenblick*, sagt er zu einem Begleiter. Mit ihm reisen Angehörige seiner Familie und Freunde. Vom Fenster seines Abteils aus sieht er geschlagene französische Soldaten auf dem chaotischen Rückzug. *Es lebe Frankreich! Es lebe die französische Armee!* ruft er ihnen zu. *Ich habe geweint*, schreibt er in sein Tagebuch. Auf allen Bahnhöfen, wo der Zug hält, hört er ein begeistertes «Vive Victor Hugo». Als er am Abend in Paris eintrifft, hat sich schon eine riesige Menschenmenge zu seinem Empfang versammelt. Auf der Fahrt zu seinem Domizil muß er immer wieder zur Menge sprechen. *Ihr entschädigt mich in einer Stunde für zwanzig Jahre Exil*, ruft er ihnen zu. Am liebsten möchte man ihn zum Hôtel de Ville geleiten, doch er weist ab: *Bürger, ich bin nicht gekommen, die provisorische Regierung zu erschüttern, sondern um sie zu unterstützen.* Viele mögen den Eindruck

Hugos Rückkehr nach Frankreich. Empfang am Nordbahnhof, 5. September 1870. Paris, Musée Victor Hugo

gewinnen, er sei der eigentliche Kopf der Republik und somit auch berufen, an die Spitze der Regierung zu treten.[94]

Während ein großer Teil der Politiker und Intellektuellen schon resignierend die Niederlage akzeptieren will, zählt Hugo zu jenen, die Widerstand zu leisten bereit sind. Zunächst wendet er sich (am 8. September) mit einem öffentlichen Appell an die Deutschen. *Der zu euch spricht, ist ein Freund. [...] Was ist das für ein unheilvolles Mißverständnis? Zwei Nationen haben Europa geschaffen. [...] Heute will Deutschland dieses Europa zerstören. [...] Welchen Sinn hat dieser Krieg? Er ist beendet, denn das Kaiserreich ist zuende. Ihr habt euren Feind besiegt, der auch unser Feind war. Was wollt ihr mehr?*[95] Sein Appell zeugt von historischer Weitsicht, doch wie sollte er in dieser Situation auf Verständnis treffen? Hugo sieht nicht, daß es hier um Vorherrschaft geht, nicht um Zusammenarbeit. Das Bild, das er sich von Deutschland macht, ist immer noch bestimmt durch seine Rheinreisen der vierziger Jahre. Es ist das Bild eines romantischen Deutschlands, dessen Seele Musik und Philosophie sind. Daß sich Deutschland unter der Führung Preußens in einem Prozeß des Wandels befindet, daß es sich zu einer politischen, aber auch wirtschaftlichen Großmacht entwickelt, all dies nimmt er nicht zur Kenntnis. Ebensowenig sieht er, daß das aufstrebende deutsche Bürgertum ähnlich wie die französische Bourgeoisie von 1851 die politische Führung einem autokratischen Regime überläßt. Er ist fixiert auf die Idee, die kriegerische Auseinandersetzung könne nur ein Kampf zwischen Fürsten sein, mit dem die Völker selbst nichts zu schaffen haben.

Auf Hugos Appell antwortet die deutsche Seite mit Hohn und Spott. Die Konsequenz des Franzosen: Er ruft seine Landsleute zum bedingungslosen Widerstand auf. Am 17. September wird sein Appell an die Franzosen, am 2. Oktober sein Appell an die Pariser veröffentlicht. Er beruft sich auf die Tradition der Massenerhebung aus der Epoche der Großen Revolution: *Erhebt euch, erhebt euch! Keine Rast, keine Ruhe, kein Schlaf! Der Despotismus greift die Freiheit an!*[96] Der Kampf Frankreichs, so seine Sicht, ist zugleich der Kampf für die künftige Weltrepublik. Und die Bürger der Metropole ruft er zur Einigkeit auf jenseits aller politischen Differenzen. Kein zweiter französischer Schriftsteller plädiert wie er für den Widerstand, ohne doch zugleich die Möglichkeit einer künftigen Versöhnung aus den Augen zu verlieren. Er unterwirft sich allen Entbehrungen, die die Situation der Belagerung für die Bewohner der Hauptstadt zur Folge hat. Den Erlös aus öffentlichen Rezitationen seiner Werke stellt er für den Ankauf von Kanonen zur Verfügung, die Namen erhalten wie «Châtiments» und «Victor Hugo». Doch die französische Nation ist schon tief gespalten. Soll man bedingungslosen Widerstand leisten, wie die Pariser Linke es fordert, oder soll man nicht eher angesichts einer aussichtslosen Lage Waffenstillstand und Frieden schließen, wie vor allem die Konservativen es befürworten? Letztere setzen sich schließlich durch: Am 29. Januar 1871 findet die Unterzeichnung des Waffenstillstands statt.

Im Februar wird Hugo in die neue Nationalversammlung gewählt. Das Parlament tritt in Bordeaux zusammen, auf unbesetztem Gebiet und fern der Auseinandersetzungen, die die Hauptstadt beherrschen. Einmal mehr hat die konservative Rechte die Mehrheit errungen, und so bleiben alle Bemühungen Hugos, der zum Chef der linken Fraktion gewählt wird, das Parlament für ein Votum gegen den Waffenstillstand zu gewinnen, erfolglos. Als die Deputierten schließlich Garibaldi, der als einziger Ausländer der Französischen Republik zu Hilfe geeilt ist, die Übernahme des Mandats verweigern, erklärt Hugo seine Demission.

Während die neue Regierung unter Führung von Adolphe Thiers in Versailles ihren Sitz nimmt, spitzt sich die Lage in Paris zu. Am 18. März wird ein Zentralkomitee gebildet, das in sein Programm das Recht der Metropole auf Selbstverwaltung aufnimmt, für den Widerstand plädiert, die Wiederherstellung der Pressefreiheit sowie die Laizisierung des Schulwesens fordert. Die «Commune» läßt jakobinische, sozialreformerische oder gar sozialrevolutionäre Elemente erkennen, die auf eine neue politische Ordnung abzielen, die freie Assoziation autonomer Kommunen. In den Wahlen vom 26. März erhält sie eine knappe Mehrheit, was zur Zuspitzung der Auseinandersetzung mit der Versailler Regierung führt.

Hugo ist an diesen Konflikten zunächst nicht beteiligt. Der plötzliche Tod seines Sohnes Charles in Bordeaux zwingt ihn, familiäre Angelegenheiten zu regeln. Wie populär er in Paris ist, zeigt sich einmal mehr, als der Leichenzug sich am 18. März vom Orléans-Bahnhof zum Friedhof Père-Lachaise bewegt: Die Nationalgarde steht Spalier und präsentiert die Waffen. Hugo reist nach Brüssel weiter, um die Schulden seines Sohnes zu bezahlen. Von Belgien aus verfolgt er aufmerksam, aber zugleich auch ratlos die Pariser Geschehnisse. Öffentlich nimmt er nicht Stellung, ergreift nicht Partei. An seine Freunde Meurice und Vacquerie schreibt er, er sei prinzipiell für die Commune, doch gegen sie, was ihre Verwirklichung angehe. Unbestreitbar habe Paris das Recht, sich zur selbständigen Commune zu erklären, aber gegenwärtig könne dies nur zur weiteren Spaltung der Nation führen. Er verwirft Gewaltmaßnahmen wie etwa die Erschießung von Geiseln, doch die Schuld und die Verantwortung liege letztlich nicht auf seiten der Pariser Bevölkerung, sondern der konservativen Regierung von Versailles. Er selbst sei ein Mann der Revolution. Früher oder später werde die Commune den Sieg davontragen.[97] Deutlich ist, daß er vor einer eindeutigen, unmißverständlichen Stellungnahme zurückweicht. Zwar betont er, er sei jederzeit bereit, nach Paris zurückzukehren, wenn er gebraucht werde, doch zugleich muß der Eindruck entstehen, daß es ihm nicht unangenehm ist, Gründe anführen zu können, die seine Abwesenheit rechtfertigen.

Seine Haltung gegenüber den Kommunarden ändert sich jedoch schlagartig in dem Augenblick, da der Pariser Aufstand von den Regierungstruppen niedergeschlagen wird und die Repression gegenüber den Besiegten einsetzt. Öffentlich erklärt er, sein Brüsseler Domizil stehe allen Verfolgten offen. Sowohl die belgische als auch die französische Regierung fassen dies als eine Provokation auf. Er wird nun selbst wieder zum Verfolgten: Eine aufgebrachte Menschenmenge attackiert mit Steinen sein Haus, droht es gar zu stürmen. Die belgischen Behörden entziehen ihm die Aufenthaltsgenehmigung, er sieht sich gezwungen, nach Luxemburg zu fliehen, und läßt sich in Vianden nieder.

Erst im Oktober 1871 wagt er es, nach Paris zurückzukehren, wohl wissend, wie groß hier der Haß all derer ist, die ihm vorwerfen, eine «Bande von Mördern» unterstützt zu haben. Unermüdlich nutzt er seine Beziehungen zu hochstehenden Persönlichkeiten, um für die Begnadigung verurteilter Kommunarden einzutreten, für Henri de Rochefort etwa und Louise Michel, um nur die bekanntesten Namen zu nennen. Sieht man von Rimbaud und Verlaine ab, so ist er der einzige namhafte

Exekution von Kommunarden während der Blutwoche (21.–28. Mai 1871)

Schriftsteller, der die Commune nicht undifferenziert als Barbarei verdammt.

Frankreich befindet sich in einem desolaten Zustand. Es muß die Annexion Elsaß-Lothringens durch das Deutsche Reich akzeptieren und die Demütigung hinnehmen, daß der preußische König in Versailles zum Deutschen Kaiser proklamiert wird. Die Commune hat die Nation tief gespalten. Ein kollektives Trauma wird für Jahre die französische Öffentlichkeit lähmen. Die Existenz der neuen Republik, die erst 1875 eine Verfassung erhält, ist noch keineswegs gesichert. In der Nationalversammlung dominiert eine im Grunde antirepublikanische Mehrheit, und hohe Militärs besetzen wichtige politische Positionen. Ein gutes Jahr nach dem Sturz Napoleons muß der bald siebzigjährige Hugo konstatieren, daß seine politischen Hoffnungen wieder einmal an der Realität zerbrochen sind. Doch es ist typisch für ihn, daß er nicht resigniert. Als Schriftsteller macht er es sich zur Aufgabe, die jüngsten Erfahrungen in einem historischen Zusammenhang zu reflektieren und zu bearbeiten. Daß er für sein Werk *L'année terrible (Das furchtbare Jahr)*, publiziert im April 1872, ausgerechnet die Gattungsform des Heldenepos in Versen wählt, ist schon ein kühnes Unterfangen. Vielleicht hat ihn der große Erfolg seiner *Châtiments* im Herbst 1870, die ja auch eine Art ‹schwarzes Epos› sind, ermutigt, in ähnlichem Stil fortzufahren. Die Titel, die er zunächst für dieses neue Werk ins Auge gefaßt hat – so etwa *L'épopée de Paris (Das Epos von Paris)* –, deuten an, daß seine Intention darauf abzielt, den heroischen Kampf der Metropole zum Hauptthema zu machen. Dann allerdings wird er von den realen Geschehnissen eingeholt und muß seine Konzeption ändern. Angesichts des allseitigen Scheiterns, des Triumphs von Gewalt und Unterdrückung glaubt er, seine Helden nur noch unter den Opfern finden zu können. Heroisch handeln jene, die ihren Idealen treu, aber auch ihrer Not gehorchend bis zum Ende Widerstand leisten gegen die fremden Invasoren, vor allem jedoch gegen die Bürgerlichen, die zum Verrat bereit sind, wenn es darum geht, ihre Privilegien zu retten. Es sind zumal die Frauen und Kinder, die sich als Helden erweisen. Ihr trotziger und zugleich sanfter Mut, so ist der Autor zu verstehen, erlaubt die Hoffnung auf eine zukünftige Wende im Zeichen des Fortschritts. Daß dieses Werk nicht gerade freundlich aufgenommen wird von einer Öffentlichkeit, die noch ganz unter dem Schock der Commune steht, kann nicht verwundern. Er sei der Anführer einer Mördersekte, wirft man Hugo vor; andere empfehlen ihm, sein nächstes Buch in deutscher Sprache zu schreiben. Selbst eine George Sand, die ihm politisch nahesteht, reagiert mit Unverständnis.[98] Diejenigen, denen das Werk letztlich gewidmet ist, sind 1872 noch zum Schweigen verurteilt. Als zwei Jahre später eine illustrierte Ausgabe erscheint, werden in wenigen Tagen mehr als 90 000 Exemplare verkauft. Hugo hat das Publikum, für das er schreibt, wiedergefunden.

Im August 1872 kehrt er nach Guernsey zurück, um Abstand zu gewinnen von den Pariser Ereignissen. Ende des Jahres nimmt er das Projekt eines Romans über die Große Revolution wieder auf und vollendet ihn im Juni 1873. Nach den Erfahrungen des «furchtbaren» Jahres erhält dieses Werk eine ganz neue Aktualität. Das zentrale Problem ist die Frage nach dem Sinn und der Rechtfertigung revolutionärer Gewalt. Gerade deswegen wählt er das Jahr *Dreiundneunzig*, so auch der Titel des Romans, das in besonderer Weise den Kampf auf Leben und Tod zwischen den Mächten der Vergangenheit und den Hoffnungsträgern des Fortschritts symbolisiert. Es handelt sich um den Aufstand der Königstreuen in der Vendée, der auf Befehl des jakobinisch beherrschten Konvents niedergeschlagen wird. Hugo versteht sich selbst als eine Person, in deren Biographie beide Tendenzen, das heißt der Geist des Ancien Régime und der Geist der Revolution, sich widerstreiten und nach einer Versöhnung streben. Die Gegner im Roman sind der Adelige Lantenac, einer der Anführer des Aufstands, und Cimourdin, der die Prinzipien der Revolution durchsetzen will. Die Synthese verkörpert die dritte Hauptfigur, Gauvain, der, obwohl adliger Abstammung, sich den Idealen der neuen Zeit verschrieben hat. Alle drei Figuren zeigen sich jedoch – nach einem langen Entwicklungsprozeß – fähig, an die Stelle abstrakter Prinzipien humanes

Handeln zu setzen. Man kann den Roman wie eine Warnung des Autors an die konservativen Zeitgenossen lesen, wenn man eine Art unterschwelliger Parallele konstruiert: So wie die Jakobiner, auf den Prinzipien des Terrors beharrend, letztlich die Revolution zerstört haben, so wird die Partei der Ordnung, die gern von der Wiedergeburt Frankreichs spricht, zugleich aber die in der Commune Unterlegenen mit unnachgiebigem Haß verfolgt, alle Chancen einer künftigen Renaissance der Nation verspielen. Hugo plädiert in diesem Roman für eine Synthese der beiden sich feindlich gegenüberstehenden geistigen Familien Frankreichs.

Der Roman erscheint im Februar 1874 und wird von April bis Juni desselben Jahres im Feuilleton von «Le Rappel» veröffentlicht. Im Gegensatz zum Zuspruch der Leserschaft steht die ablehnende Haltung der Kritik. Der Rezensent des regierungsamtlichen «Journal des Débats» nennt den Roman schlicht eine «Apologie der Commune»[99]. Eine öffentliche Diskussion um die erzählerische Auseinandersetzung des Autors mit der revolutionären Tradition Frankreichs findet nicht statt, kann wohl noch nicht stattfinden, weil das Thema nach wie vor tabuiert ist.

Der Konflikt Hugos mit der Öffentlichkeit ist die eine Seite eines Lebensdramas, dessen andere Seite die privaten Auseinandersetzungen sind. Eros und Thanatos, Liebe und Tod, zwischen diesen Polen bewegt sich seine Existenz in jenen Jahren. *Der Geist meines Alters muß die Arbeit sein, der Verzicht auf alles und die Sehnsucht nach dem Tod. Ich versuche, mich dem zu fügen*, so liest es sich in einer Tagebuchnotiz.[100] Schuldgefühle quälen ihn, denn es gelingt ihm nicht, dieser Maxime gemäß zu leben, es gelingt ihm nicht, Sexualität und Gefühle miteinander in Einklang zu bringen. Gerade in diesen Jahren stürzt er sich in immer neue Abenteuer, die teils flüchtigen, teils aber auch dauerhaften Charakter haben. Im Frühjahr 1871 sind es Brüsseler Prostituierte, kurz darauf die Frau eines verurteilten Kommunarden, der er in seinem Haus Zuflucht gewährt hat. Zu seinen Geliebten zählen Judith, die Tochter des Dichters Théophile Gautier, der er eine Reihe von Sonetten widmet, und die junge Schauspielerin Sarah Bernhardt, die im Herbst 1877 in *Hernani* die Rolle der Doña Sol übernimmt. Eine ernsthafte Bedrohung für die Beziehung zu Juliette Drouet wird aber vor allem sein Verhältnis mit Blanche-Marie Zélia, Adoptivtochter jenes Druckers Lanvin, mit dessen Paß er 1851 nach Belgien geflohen ist. Auf Juliettes Bitte hin ist die junge Frau nach Guernsey gezogen. Sie hilft im Haushalt und kopiert Hugos Manuskripte. Als Juliette begreift, daß sich hier ein Verhältnis anbahnt, verlangt sie, daß Blanche die Insel wieder verläßt. Hugo akzeptiert, wie immer in solchen Situationen, weil er Juliette nicht verlieren will. Doch einige Zeit später trifft er Blanche erneut, diesmal in Paris. Und schließlich sucht er sie fast täglich auf. Juliette läßt ihn von einem Detektiv bespitzeln. An dem Tag, als ihr die Wahrheit offenkundig wird, verschwindet sie ohne

Ein genialer Liebhaber.
Titelblatt zum Werk
von Raymond Escholier,
Paris 1953

Angabe eines Ziels. Hugo notiert: *Katastrophe. Brief Juliettes. Schreckliche Ängste. Furchtbare Nacht.*[101] Juliette befindet sich in Brüssel, nach einer Woche kehrt sie zurück, und die beiden versöhnen sich wieder. Sie schreibt ihm: «Dieser fürchterliche Traum ist also zuende! Es ist wahr, daß Du mich liebst, daß Dein Leben aus meinem besteht wie meines aus Deinem. [...] Lieben wir uns, mein Angebeteter, lieben wir uns, lieben wir uns, und diese grausame Prüfung möge das Pfand der Unauflöslichkeit unserer beiden Seelen für die Ewigkeit sein.»[102] Doch wenn Juliette glaubt, Hugo habe endgültig mit Blanche gebrochen, so irrt sie. Wahrscheinlich bis ins Jahr 1877 oder 1878 dauert diese Liaison.

Vielleicht sind aber Hugos späte Liebesaffären nicht nur Ausdruck einer ungebrochenen Vitalität, sondern auch ein Versuch, sich gegen das Altern und den Tod aufzulehnen. Denn er muß sich sowohl in seiner Familie als auch in seiner Generation wie ein Überlebender empfinden, dessen Zeit abläuft. Als im Dezember 1873 sein zweiter Sohn François-Victor stirbt, notiert er: *Noch ein Bruch, ein letzter Bruch in meinem Leben. Ich habe nur noch Georges und Jeanne [seine Enkelkinder] vor mir.*[103] Flaubert, der am Begräbnis teilnimmt, schreibt an George Sand: «Der arme Vater Hugo, den zu umarmen ich nicht umhin konnte, war gebrochen, aber stoisch.»[104] Viele Zeitgenossen, die mit Hugo für die romantische Bewegung gestritten haben, sind seit Jahren tot: Vigny (1863), Lamartine (1869), Sainte-Beuve (1869), Alexandre Dumas (1870), Gautier (1872). Louise Colet, Geliebte Flauberts und politische Verbündete Hugos[105], stirbt 1876, im selben Jahr George Sand, mit der ihn vieles verband. Hugo verfaßt eine Abschiedsrede, die an ihrem Grab vorgetragen wird.[106] Im Jahr 1880 schließlich erliegt Flaubert einem Schlaganfall. Vielleicht drückt ein Gedicht, das Hugo auf den Tod Gautiers verfaßt hat, seine eigene Gefühlslage aus: *Freund, Dichter, Geist, du fliehst aus einer schwarzen Nacht [...], ich grüße dich an der ernsten Schwelle des Grabes [...] ich komme eilend. Schließt nicht das Tor der Gruft [...] alles geht zur Neige; und dieses große Jahrhundert mit all seinen Strahlen tritt ein in das ungeheure Dunkel, in das wir, bleich, alle fliehen. Ach! Welch wilden Lärm machen in der Dämmerung die Eichen, die man schlägt für den Scheiterhaufen des Herkules [...] dieses stolze Jahrhundert, das den widrigen Stürmen zu trotzen wußte, stirbt dahin ... – oh Gautier! Du scheidest nach Dumas, Lamartine und Musset, du, der du ihr ebenbürtiger Bruder warst. Die alte Quelle ist versiegt, in der man sich verjüngte. [...] Nun ist es an mir; und die Nacht erfüllt mein trübes Auge, das, ach, [...] an den Wiegen weint und an den Gräbern lächelt.*[107] Gewiß, solche Gedichte entsprechen literarischer Konvention, und Hugos Abschied steht durchaus noch nicht bevor. Indessen treten Krankheitssymptome auf, die ihm bislang unbekannt waren. Im Juni 1875 erleidet er einen leichten Schlaganfall. *Ich habe das bizarre Phänomen eines plötzlichen Gedächtnisverlustes gehabt. Das hat ungefähr zwei Stunden gedauert.*[108] Drei Jahre später folgt ein Gehirnschlag mit Sprachstörungen und leichter geistiger Verwirrung. Doch er erholt sich wieder.

Seit Mitte der siebziger Jahre ist er ins aktive politische Leben zurückgekehrt. Im Januar 1876 wird er in den Senat, die zweite Kammer des Parlaments gewählt. Er ist dort der unumstrittene Sprecher der republikanischen Linken und tritt unablässig für die völlige Amnestie der Kommunarden ein. Im Jahr 1877 kommt es zu einem Verfassungskonflikt. Der konservative Staatspräsident Mac-Mahon will die Nationalversammlung auflösen, weil ihm die laizistische Tendenz der Regierung Jules Ferry nicht behagt. Hugo befürchtet einen Staatsstreich des Militärs und der Konservativen für den Fall, daß die Linke als Siegerin aus den Wahlen hervorgeht. Daher plädiert er gegen die Auflösung, freilich vergebens. Aus aktuellem Anlaß nimmt er die Arbeit an einem Werk wieder auf, die er 25 Jahre zuvor unterbrochen hat. Es handelt sich um die *Geschichte eines Verbrechens*, eine Auseinandersetzung mit dem Staatsstreich von 1851. Es wird nun zu einem Plädoyer gegen jede Form des antirepublikanischen Putsches. Das Werk erscheint zwei Wochen vor dem Urnengang,

Hugo kämpft für die Amnestie der Kommunarden. Stich von André Gill in «La Petite Lune», Januar 1879

und binnen zwei Tagen werden 70000 Exemplare verkauft. Die Wahlen geraten zu einem Triumph für die Linke: Zum erstenmal hat die Republik eine republikanische Mehrheit. Sie wird in den folgenden Jahren antiklerikale Reformen durchsetzen und 1880 die Amnestie der Kommunarden beschließen.

Im Jahr 1877 erscheint ein Gedichtband Hugos, der auf seine Art auch ein Plädoyer für die Amnestie und die Versöhnung sein soll, zugleich jedoch von umfassenderer Bedeutung ist. Der Titel mutet bürgerlich-bieder an: *L'art d'être grand-père (Die Kunst, Großvater zu sein)*. Den thematischen Ausgangspunkt bildet die eigene Familienkonstellation: Nach dem Tod seiner Frau und seiner Söhne widmet Hugo sich ganz der Fürsorge für seine Enkelkinder Georges und Jeanne. Er ist ihr Erzieher, ihr Lehrer und ihr Freund. Sie begleiten ihn nach Guernsey, sie wohnen zusammen mit ihm am Pariser Boulevard de Clichy. Als seine Schwieger-

Victor mit seinen Enkelkindern Jeanne und Georges.
Paris, Musée Victor Hugo

tochter Alice sich wieder verheiratet, drängt er auf ein Arrangement, das die Nähe der Enkelkinder ermöglicht. Der Gedichtband mutet an wie eine Versifizierung biographischer Details, und so haben ihn auch die Zeitgenossen verstanden. Doch diese Deutung ist zu eng. Zwar suggeriert der Autor, es handele sich um Abbildung tatsächlicher Geschehnisse, in Wirklichkeit zielt er jedoch sehr viel tiefer. Die Glorifizierung des Großvaters bedeutet zugleich die Entmythisierung und die Destruktion des Vaters, das heißt die Zerstörung einer autoritären Erziehung und deren Ablösung durch ein nicht-repressives Verhältnis, das auf Großherzigkeit, Verzeihen, Milde und vor allem Liebe gegründet ist.

Und es bedeutet mehr als eine rein innerfamiliäre Beziehung: es schließt die Abschaffung des Prinzips der sozialen Herrschaft ein, erweist sich insofern als «anarchistisch» im Sinn von Herrschaftsfreiheit und impliziert letztlich die Entmythisierung und Ablösung des Gottes der Rache, der des Bösen und der Strafe bedarf, um seine Herrschaft zu rechtfertigen. *Dieu n'a fait l'univers que pour faire l'amour*, heißt es in einem nicht übersetzbaren Wortspiel.[109] Es ist ein Gott der Freude, der Lust, er hat nichts mehr gemein mit dem Gott der Priester, dem Hugos Absage gilt. Das Bekenntnis zu den «Kindern» bedeutet zugleich Engagement für die Niederen, beide inkarnieren Zukunft und Befreiung. Indem die «Kleinen» ihr Recht auf Selbstentfaltung und Erfüllung ihrer Bedürfnisse einfordern, enthüllen sie zugleich eine historische Dimension: nur scheinbar gibt es Stillstand und Abbruch in der gesellschaftlichen Praxis, alles drängt vielmehr – im öffentlichen wie im privaten Leben – nach Veränderung. Die Kinder sind so ein Beweis gegen den Pessimismus, sie repräsentieren die Utopie, nicht im Sinn von Illusion, sondern von Antizipation. Dies hat allerdings zur Voraussetzung, daß die «Alten» sich von ihnen belehren lassen, bei ihnen «in die Schule gehen».[110]

Dieses Werk ist das eigentliche poetische Testament Hugos. Gedichtbände, die in den folgenden Jahren publiziert werden, ergänzen entweder seine Perspektive oder fassen ältere Texte zusammen. Dies gilt für die neuen Serien von *La légende des siècles* (1877/1883), *Le pape* (*Der Papst*, 1878) und *Religions et religion* (1880). Es sind vor allem Plädoyers für das Mitleid und Anklagen gegen das Elend, Entlarvung eines falschen und herrschsüchtigen Dogmatismus, sei er nun religiös oder atheistisch, schließlich Bekenntnisse zu einer Religion, die das Absolute nicht mehr in Doktrinen zu fixieren versucht, vielmehr den verborgenen Gott akzeptiert.

Um 1880 versiegt Hugos schöpferische Kraft, mag er auch nach außen den Eindruck unablässiger Produktivität erwecken. Seine Arbeit reduziert sich im wesentlichen darauf, Vorhandenes zu ordnen und für eine künftige Ausgabe seines Gesamtwerkes vorzubereiten. Seine Manuskripte vermacht er der Bibliothèque Nationale, die eines Tages – davon ist er überzeugt – die Bibliothek der Vereinigten Staaten von Europa sein wird.

Victor Hugo ist ein reicher Mann. Im Unterschied zu fast allen anderen Autoren des 19. Jahrhunderts sah er sich seit seiner Jugendzeit gezwungen, seinen Lebensunterhalt durch eigene Arbeit zu verdienen, und dies ist ihm wie keinem anderen gelungen. Die Autorenrechte für seine Werke erlauben ihm schließlich, lediglich von den Zinsen seines Kapitals zu leben. Bei seinem Tod wird er sieben Millionen Francs als Erbschaft hinterlassen.[111] Privater Wohlstand und öffentliches Ansehen gehen bei Hugo Hand in Hand. Aufgrund seiner unvergleichlichen schriftstelleri-

PRIX DE L'ABONNEMENT

40 CENTIMES LE NUMÉRO

PARIS ET DÉPARTEMENTS

LA COLLECTION DU JOURNAL

L'UNIVERS ILLUSTRÉ

24e Année. — N° 1354. — 5 Mars 1881.

TH. DE LANGEAC, rédacteur en chef.

LA MASCARADE HUMAINE, PAR GAVARNI.

Voir, à la fin du précédent numéro, les détails relatifs à la NOUVELLE PRIME GRATUITE offerte par l'Univers illustré à ses abonnés d'un an.

FÊTE DE VICTOR HUGO. — OVATION POPULAIRE DEVANT L'HOTEL DE L'AVENUE D'EYLAU. — Voir page 150.

Volksfest aus Anlaß des 80. Lebensjahres von Victor Hugo. Stich von A. Gerardin in «L'Univers illustré», 5. März 1881

schen Karriere ist er zum Repräsentanten der Literatur seines Jahrhunderts schlechthin geworden. Doch damit nicht genug: Er ist zugleich das Symbol, ja die Inkarnation der Republik selbst. Zu Beginn seines achtzigsten Lebensjahres bereitet ihm im Februar 1881 Paris ein Fest, wie es niemals zuvor einem Schriftsteller zu Ehren veranstaltet worden ist. Sechs Stunden lang zieht eine Menschenmenge von fast 600 000 am Fenster seiner Wohnung vorbei: Bürger, Arbeiter, Studenten, Schüler (denen an diesem Tag die Strafarbeiten erlassen werden) sowie Delegationen aus der Provinz. Man singt die «Marseillaise», man ruft «Vive Victor Hugo, vive la République!». Der Alte nimmt die Ehrungen entgegen, nur seine beiden Enkelkinder sind bei ihm. Einige Wochen später beschließt der Stadtrat von Paris, jenen Teil der Avenue d'Eylau, in dem das Haus des Dichters liegt, in Avenue Victor Hugo umzubenennen.

Im Mai 1883 stirbt seine Lebensgefährtin Juliette. Am Neujahrstag hat sie ihm ihren letzten Liebesbrief geschrieben: «Mein Angebeteter, ich weiß nicht, wo ich im nächsten Jahr zu dieser Zeit sein werde, aber ich bin glücklich, Dir ein Lebenszeichen geben zu können mit diesem einzigen Wort: Ich liebe Dich.»[112] Im Februar feiern sie den 50. Jahrestag ihrer Beziehung. Daß sie sich trotz aller Konflikte treu geblieben sind, hat sie zu einem der großen Liebespaare der Weltliteratur gemacht.

Mit dem Tod Juliettes endet wohl definitiv die schriftstellerische Aktivität Hugos. Das Jahr 1883 weist nur eine Tagebuchnotiz auf: *Ich werde bald zu Dir kommen, meine Geliebte.*[113] Aus dem Jahr 1884 stammt möglicherweise eine letzte Gedichtstrophe: *Traurig, taub, alt, / schweigsam / schließe deine Augen / und öffne sie dem Himmel.*[114] Hugo bereitet seinen Abschied vor. In seinem Testament heißt es: *Gott. Die Seele. Verantwortung. Dieses dreifache Prinzip genügt dem Menschen. Ich habe in ihm gelebt. Ich sterbe in ihm. Wahrheit. Licht, Gerechtigkeit, Gewissen, das ist Gott. Deus, Dies. Ich gebe 40000 Francs den Armen. Ich möchte in einem Armensarg zum Friedhof getragen werden. […] Ich werde mein irdisches Auge schließen; aber mein geistiges Auge wird mehr als je zuvor geöffnet*

Juliette Drouet in ihren letzten Lebensjahren. Paris, Musée Victor Hugo

bleiben. Ich weise das Gebet aller Kirchen am Grabe zurück. Ich bitte alle Seelen um ein Gebet.[115] Im Mai 1885 erkrankt er an einer Lungenentzündung. Ganz Paris verfolgt in den Tageszeitungen die Bulletins über seinen Gesundheitszustand. Fast eine Woche dauert sein Todeskampf, er stirbt am 22. Mai. Aus seiner Agonie sind zwei Worte überliefert. *Ich sehe schwarzes Licht*, lautet das eine, *Dies ist der Kampf zwischen Tag und Nacht* das andere.[116] Vielleicht paßt dies zu schön zu einem Dichterleben, um als Faktum gelten zu können. Sein Tod selbst verwandelt sich wie sein Leben in die Legende des Jahrhunderts.

Und seine Zeitgenossen tun alles, um dieser Legende eine öffentliche Weihe zu geben. Per Dekret verfügt der Präsident der Republik ein Staatsbegräbnis («funérailles nationales»). Zudem soll der Leichnam in der Krypta des Pantheons beigesetzt werden. Doch zu diesem Zwecke bedarf es der Enteignung des Gebäudes, das Napoleon III. der katholischen Kirche zurückgegeben hat. Das Pantheon ist ein Symbol des Kampfes zwischen katholisch-monarchistischer und revolutionär-antiklerikaler Tradition in Frankreich. Ludwig XVI. hatte die Kirche zu Ehren der Schutzpatronin von Paris, Sainte Geneviève, bauen lassen; 1791 war sie säkularisiert und gleichsam als Ziviltempel den «Großen Männern der Nation», den «Neuen Heiligen», als Grabstätte gewidmet

Der sterbende Hugo und seine Figuren. «La Chronique parisienne», 31. Mai 1885. Paris, Musée Victor Hugo

«La désinfec-tation». Wortmischung aus ‹Umwidmung› und ‹Desinfizierung›: Die Unwissenheit macht dem Genie Platz.
Paris, Musée Victor Hugo

worden. Als die Republik 1885 diese Tradition wiederaufnehmen will, stößt sie auf den erbitterten Widerstand der Kirchenführer sowie der ihnen verbundenen Presse und der konservativen Abgeordneten. Doch die antiklerikalen Kräfte setzen sich durch. Aber ihre Vorherrschaft ist noch nicht stabil, sie brauchen das Symbol des Pantheons zu ihrer eigenen Legitimation, und so wird Victor Hugo zwischen Rousseau und Voltaire beigesetzt. Damit nicht genug. Zuvor wird sein Leichnam auf einem mehrstöckigen Katafalk unter dem Arc de Triomphe aufgebahrt, jenem Triumphbogen, den sich Napoleon zum Ruhme seiner Feldzüge errichten ließ. Auch dies ist ein symbolischer Akt, der die geistige Gewalt gegenüber der politisch-militärischen als ebenbürtig ausweisen soll. Die Leichenreden, die von Ministern, Abgeordneten und Intellektuellen gehalten werden, bestätigen diesen Eindruck. Doch es ist nicht nur die politische und geistige Elite, die Hugo die letzte Ehre erweist, sondern das Volk selbst: Auf zwei Millionen hat man die Menge geschätzt, die an seinem Sarg vorbeizieht, ihm folgt oder die Boulevards säumt, als der Trauerzug vom Triumphbogen über die Champs-Élysées und den Boulevard Saint-Germain ins Quartier Latin zum Pantheon zieht. Und was vielleicht – auch im Sinne Hugos – mehr zählt als aller offizieller Pomp, ist

Der Katafalk unter dem Arc de Triomphe in der Nacht zum 1. Juni 1885. Gezeichnet von E. Flaunet nach «Le Monde illustré» vom 6. Juni 1885. Paris, Musée Victor Hugo

die Tatsache, daß gerade die unteren Schichten den Tag der Beisetzung wie ein Volksfest feiern. Die katholische Presse ist empört angesichts solcher Saturnalien. Welch ein Verfall der Sitten unter dem Patronat der gottlosen Republik und ihres «Heiligen» Victor Hugo! Aber auch unabhängige Zeitgenossen wie der Romancier Edmond de Goncourt sehen das Geschehen eher kritisch: «Diese Kirmes widert mich an […]. Seltsam, dieses französische Volk! Es will keinen Gott, keine Religion mehr, doch kaum hat es Christus ‹entgöttlicht›, da ‹vergöttlicht› es Hugo und proklamiert die Hugolatrie.»[117] Paul Claudel, der als Siebzehnjähriger den Feierlichkeiten beiwohnt, spricht in seinen «Erinnerungen» von «einer zugleich grandiosen und grotesken Apotheose»[118]. Dies entsprach ja durchaus der Auffassung Hugos, wie er sie schon mit dem Vorwort zu *Cromwell* vertreten hat, galten ihm doch das Sublime und das Groteske als die beiden sich ergänzenden Seiten der menschlichen Natur. Und die Republik bedurfte des Volksfestes, weil es ihr darauf ankam, auch die unteren Schichten, die die Commune getragen hatten, zu integrieren.

Hugo und die Nachwelt

Wenn ich nicht mehr da sein werde, wird man sehen, wer ich war, so heißt es in Hugos *Postskriptum meines Lebens.*[119] Doch die Geschichte seines Werks und seines Lebens verwandelt sich mit seinem Tod erst recht in eine öffentliche Angelegenheit, die den Autor selbst kaum noch erkennen läßt. Eher scheint sich Jean-Paul Sartres Satz zu bestätigen: «Tot sein heißt, den Lebenden ausgeliefert zu sein.»[120] Entscheidend ist kaum noch, wer er selbst gewesen ist, von Bedeutung ist vor allem die Art und Weise, wie die Nachgeborenen sein Leben und seine Werke verwenden. Hugo wird zum Gegenstand «eines neuen Nationalkultes» (Léon Bloy). Nach Tausenden zählen die Straßen, Plätze und Schulen, die in Frankreich seinen Namen tragen. Bizarres kann dabei nicht ausbleiben: Zigarren, Tintenfässer und Senftöpfe hat sein Bild geschmückt. Einen 500-Francs-Schein mit seinem Konterfei haben Landsleute ironisch «le misérable» genannt.[121] Schon die Dritte Republik macht ihn im späten 19. Jahrhundert zu ihrem repräsentativen Autor. Dies gilt vor allem für den laizistisch-antiklerikal orientierten Literaturunterricht, insbesondere in den Primarschulen, und seine Bedeutung wächst mit der Ein-

Tintenflaschen zum 100. Geburtstag Victor Hugos, 1902. Paris, Musée Victor Hugo

«Le livre du siècle» – Das Buch des Jahrhunderts. Stich von Pierre Salvy Frédéric Teyssonnières. Paris, Musée Victor Hugo

führung der allgemeinen Schulpflicht im Jahr 1888. Hugo wird zum Klassiker der modernen Literatur und mit den großen Autoren des 17. und 18. Jahrhunderts in dieselbe Tradition französischen Geistes gestellt. Doch wenn man in solchem Maß sein Leben und Werk didaktischen Zwecken unterwirft, dann muß dies auch zur Folge haben, daß alles, was das erhabene Bild eines «praeceptor Galliae» beschädigen könnte, verdrängt wird. Hugo wird zum idealen Republikaner und zum vorbildlichen Familienvater stilisiert. Illustrierte Schul- und Volksausgaben seiner Werke sowie bebilderte Zeitschriften, die sich vor allem an die bürgerliche Familie wenden, kultivieren dieses Image.

Eine solche Aneignung Hugos durch die laizistische Republik muß bei all jenen Unbehagen und Widerstand hervorrufen, die sich anderen geistigen Traditionen verpflichtet fühlen. Daß er Monarchisten und Katholiken zum Ärgernis wird, zum Feind des christlichen Glaubens schlechthin, kann nicht verwundern. Autoren wie Joris-Karl Huysmans, Léon Bloy, Charles Maurras und Paul Claudel liefern dafür die schönsten Zeugnisse. In ihren Augen zeichnet Hugo mitverantwortlich für die Trennung von Staat und Kirche, die endgültig im Jahre 1905 vom Parlament beschlossen wird. Allerdings übersehen sie großzügig, daß Hugo ein zutiefst religiöser Autor war und sein Antiklerikalismus keineswegs den Abschied von christlichen Prinzipien bedeutet. Ausnahmen unter den Konservativen sind Charles Péguy und Maurice Barrès. Der eine beruft sich auf Hugo als Kritiker der modernen industriellen Gesellschaft, der andere möchte seinen lothringischen Landsmann zum Bündnispartner eines Patriotismus machen, der sich auf die Werte des Bodens und der Landschaft stützt, zum Bündnispartner der «union sacrée» gegen den deutschen Erzfeind.

Aber auch für die republikanisch-sozialistische Linke ist Hugo durchaus kein unumstrittener Autor. Jules Vallès (schon 1867) und Paul Lafargue (1885/86) wenden sich frühzeitig gegen den «bürgerlichen» Hugo. Die Abneigung wächst in dem Maß, wie die bürgerlichen Kräfte in der Dritten Republik die Oberhand gewinnen, während gleichzeitig die ökonomischen und gesellschaftlichen Konflikte zunehmen. Hugo als Inbegriff der laizistischen Republik, dies muß zugleich die Absage an sozialrevolutionäre Tendenzen bedeuten. Daß seine Werke gerade die niederen, die unteren Klassen als künftiges Subjekt der Geschichte darstellen, scheint nahezu vergessen.

Für die Literatur im engeren Sinn nimmt die Bedeutung Hugos im ausgehenden 19. und frühen 20. Jahrhundert eher ab. Gewiß, seit den Zeiten Baudelaires und Flauberts kann sich kein Schriftsteller profilieren, ohne am Werk des Romantikers gemessen zu werden und sich an ihm abzuarbeiten. Doch exemplarische Modelle, denen man folgen könnte, finden sie bei ihm nicht. Er hat keine Schule gebildet. Die jungen Romanciers, die realistisch-naturalistischen ebenso wie die individualistisch orientierten, von den nationalistischen und katholischen ganz zu schweigen, gehen andere Wege. Die Ästhetik des modernen Romans bestimmt nicht er, sondern Flaubert. Gegenüber der Botschaft, die Hugo verkünden zu müssen glaubte, so meinen sie, trete das Bemühen um die Form und den sprachlichen Stil allzusehr in den Hintergrund. Daß seine Romane auch ein Spiel mit Erzählformen, mithin in mancherlei Hinsicht sehr viel radikaler «modern» sind, dies sehen sie nicht. Fast noch größer scheint die Distanz der Lyriker gegenüber Hugo zu sein. Die Konzeption einer Dichtung unter den Bedingungen der Modernität wird von Auto-

Hugos Vision. Farbige Lithographie von Théophile Alexandre Steinlen in «L'Assiette au beurre», 26. Februar 1902. Paris, Musée Victor Hugo

ren wie Baudelaire, Mallarmé und Rimbaud entwickelt, die die traditionellen Formen zunehmend verwerfen und um eine ganz neue poetische Sprache ringen. Hugos noch weitgehend subjektives Pathos, der endlos sich ausbreitende Strom der Worte, aber auch seine Forderung nach einer Kunst für alle: all dies scheint für die Nachgeborenen nicht mehr aktuell. Und wenn sich diese Lyriker als Außenseiter der bürgerlichen Gesellschaft verstehen, in der die Dichtung nicht mehr Teil der sozialen Praxis sein kann, so müssen sie zugleich jenen Autor verwerfen, der zum Symbol der politischen Ordnung ihrer Zeit erhoben wird.

Als gesellschaftskritischer Autor wird Hugo erst wiederentdeckt, als das Wertesystem der «guten alten Zeit», der «belle époque», durch die

Erfahrung des Ersten Weltkrieges radikal in Frage gestellt ist. Es sind zunächst die Surrealisten (Breton), die ihn als einen ihrer Vorläufer reklamieren. Sie kehren vor allem die visionären Elemente seines Werks hervor, seine antirationalistischen Tendenzen, sein Bemühen, auch das Unbewußte zu Wort kommen zu lassen. In den zwanziger Jahren erscheinen die ersten Biographien, die nicht mehr reine Apologie oder undifferenzierte Verdammung sind, vielmehr ein komplexes Bild der widersprüchlichen Persönlichkeit zu zeichnen versuchen. Vor allem aber jene Schriftsteller und Intellektuellen, die sich in der antifaschistischen Bewegung engagieren, entdecken Hugo neu. Aus Anlaß des 50. Todestages erscheint 1935 eine Sondernummer der Zeitschrift «Europe», an der u. a. Romain Rolland, Heinrich Mann, Pierre Abraham, Philippe Soupault und Jean-Richard Bloch mitarbeiten. Sie akzentuieren insbesondere die humanistischen, pazifistischen und kosmopolitischen Elemente des Hugoschen Œuvre, erkennen aber auch die Aktualität seiner Konzeption von Volksliteratur. Unter diesen Voraussetzungen kann es nicht mehr verwundern, daß die in der Résistance engagierten Schriftsteller sich ihrerseits auf Hugo berufen, nun freilich auf seine Widerstandsgedichte der Sammlungen *Châtiments* und *L'année terrible* sowie auf seine Appelle aus Anlaß des Krieges von 1870/71. Als die deutsche Besatzungsmacht die Bronzestatue Hugos auf der Place Victor-Hugo in Paris von ihrem Sockel entfernt, um das Erz für kriegswichtige Zwecke einzuschmelzen, verfaßt Louis Aragon sein Gedicht «Langage des statues» («Sprache der Statuen»), das Hugo gleichsam wiederauferstehen und dem Freiheitskampf der Franzosen sich anschließen läßt.

Mit der Befreiung scheint Hugo einmal mehr zum Inbegriff der Republik zu werden. Doch 1945 stellt der Linkskatholik Mauriac, der gleichfalls in der Résistance mitgewirkt hat, fest: «Kein Schriftsteller ist in Frankreich unbekannter als Victor Hugo.»[122] Im Jahr 1952 legt Aragon eine kommentierte Anthologie Hugoscher Gedichte mit dem für Franzosen provozierenden Titel «Haben Sie / Habt ihr Victor Hugo gelesen?» vor. Der Herausgeber verfolgt nicht nur die Absicht, seinen Landsleuten einen ihnen unbekannt gebliebenen Autor zu präsentieren, er versucht auch, ihn im Kontext des Kalten Krieges als Kronzeugen gegen die Atlantische Allianz und als Protagonisten einer anderen demokratischen Gesellschaft auszuweisen.

Eigentlich erst in den fünfziger Jahren beginnt die umfassende und vielschichtige Auseinandersetzung der französischen Literaturgeschichtsschreibung mit Victor Hugo und seinem Werk. Den Anfang macht die kleine Monographie «Hugo par lui-même» von Henri Guillemin (1951), die, mit Sympathie und kritischem Scharfsinn zugleich, für die Entstehung eines differenzierten Hugo-Bildes verantwortlich zeichnet. Von nun an bildet sich in Frankreich eine Hugo-Forschung heraus, an der nahezu

Die rote Fahne auf der Barrikade. Szenenfoto aus dem Film «Les Misérables» von Raymond Bernard, 1933

alle neueren Schulen literarischer Interpretation beteiligt sind.[123] Mit den Arbeiten von André Maurois, Hubert Juin und Alain Decaux erhält auch die biographische Forschung neue Impulse. Kritische Einzelausgaben von Werken erscheinen, aber auch Editionen des Gesamtwerkes wie die von Jean Massin geleitete «Édition chronologique» (1967–1970) und die von Jacques Seebacher initiierte Gesamtausgabe im Verlag Robert Laffont (1985/86). Nicht zuletzt fördern neu entstandene Taschenbuchreihen mit ihren kritischen Ausgaben von Einzelwerken die vertiefte Kenntnis des Hugoschen Œuvre.

Es darf als ein Charakteristikum der Hugo-Rezeption in Frankreich gelten, daß die wissenschaftliche Erforschung seines Werks und dessen Verbreitung bei einem großen Publikum Hand in Hand gehen. Gewiß trägt dazu nicht allein die Lektüre bei, sondern auch die Übertragung der Texte in andere Medien. Vor allem der Film hat sich frühzeitig dieses Autors angenommen (seit 1902). Seine Romane *Notre-Dame de Paris* (mit etwa zwölf Verfilmungen) und *Les misérables* (mit etwa zwanzig Verfilmungen) zählen zu den großen Erfolgen der Leinwand. Durch die

Besetzung mit berühmten Schauspielern wie Jean Gabin, Charles Laughton, Anthony Quinn, Gina Lollobrigida und Lino Ventura haben die Romanfiguren so konkrete Konturen erhalten, daß sie gleichsam ins kollektive Gedächtnis eingegangen sind. In welchem Maß die Hugoschen Geschichten zum Anlaß einer vielschichtigen Auseinandersetzung auch mit der Geschichte unseres Jahrhunderts werden können, dokumentiert zuletzt der Film «Les Misérables» von Claude Lelouch (1995).

Victor Hugo wollte ein großes, volkstümliches Publikum ansprechen, er sah in ihm gleichsam den Mitarbeiter an einer demokratischen Kultur, und er wollte den Gegensatz zwischen avantgardistischer Kunst, die einer Elite vorbehalten bleibt, und einer populären Massenkunst aufheben. Die Erfahrungen des letzten Jahrhunderts mögen Zweifel daran wecken, ob sich eine solche Konzeption je verwirklichen lassen wird. Eher scheint jene Lösung zeitgemäß, die die Verwertungsgesellschaft «Stella» 1995/96 für die Musical-Version von *Les misérables* gewählt hat: Elend und Aufstand werden mit einem Millionenaufwand als perfekte Show inszeniert für ein zahlungskräftiges Publikum, das einige Stunden lang die eigene Rührung genießt.

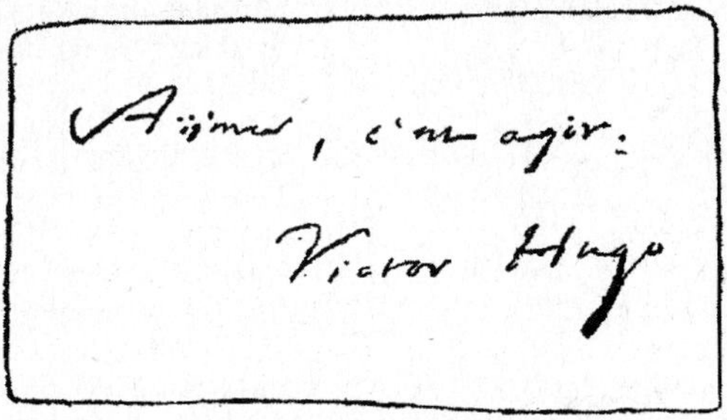

«Aimer, c'est agir» – «Lieben heißt handeln».
Die letzte Tagebuchnotiz Victor Hugos, zwei Tage vor seinem Tod. Paris, Musée Victor Hugo

Anmerkungen

Alle französischen Zitate wurden vom Verfasser ins Deutsche übersetzt. Die Hugo-Zitate stammen aus folgenden Ausgaben:

O.C. = Œuvres complètes. Édition chronologique. Hg. unter der Leitung von Jean Massin. 18 Bde. Paris 1967–1970, Le Club français du Livre

Ch.V. = Choses vues. Hg. von Hubert Juin. 4 Bde. Paris 1972, Gallimard (Collection Folio)

Alle in der Bibliographie aufgeführten Titel werden hier nur in Kurzform genannt.

1 Ch.V. 1870–1885, S. 271
2 So in dem Gedicht «Pensées de nuit», O.C. XV/2, S. 1110
3 Vgl. dazu Adèle Hugo: Victor Hugo raconté par un témoin de sa vie: In: O.C. I/2, S. 829, sowie E. Biré: Victor Hugo avant 1830. S. 10–26; A. Decaux: Victor Hugo, S. 22ff., und H. Juin: Victor Hugo 1802–1843, S. 27ff.
4 Adèle Hugo, op. cit., in O.C. I/2, S. 836.
5 O.C. II/1, S. 54
6 O.C. I/2, S. 843
7 Vgl. das Gedicht «Ce qui se passait aux Feuillantines» in: «Les rayons et les ombres», O.C. VI/1, S. 64–68.
8 E. Biré, op. cit., S. 91 und A. Maurois: Olympio, S. 60. Dieses Wort Hugos ist jedoch nicht verbürgt, vgl. O.C. I/2, S. 1337.
9 O.C. I/1, S. 137
10 O.C. I/1, S.176
11 E. Biré. op. cit., S. 95ff.
12 Zit. nach E. Biré, op. cit., S. 153
13 E. Biré, op. cit., S. 294
14 Zit. nach A. Maurois, op. cit., S. 119
15 O.C. II/1, S. 472
16 Zit. nach J.-B. Barrère: Victor Hugo, S. 24
17 Stendhal: Racine et Shakespeare. In: Œuvres complètes. Paris 1970, Bd. 37, S. 39
18 A. Ubersfeld: Introduction. In: Victor Hugo, Cromwell. Paris 1968, S. 49
19 O.C. III/1, S. 82
20 J. Seebacher, zit. nach A. Ubersfeld, Introduction, S. 37
21 Th. Gautier: Histoire du romantisme. Paris 1911, S. 99ff.
22 Adèle Hugo, op. cit., in: O.C. III/2, S. 1336
23 O.C. V/1, S.105ff.
24 La Revue de Paris 1829, Bd. VI, S. 272, zit. nach Biré, op. cit., S. 477f.
25 Sie wird später unter dem Titel «Dicté après Juillet 1830» («Diktiert nach dem Juli 1830») in die Gedichtsammlung «Les chants du crépuscule» («Gesänge der Dämmerung», 1835) aufgenommen.
26 O.C. V/1, S. 105ff.
27 Verdi wird 1851 die Handlung sei-

ner Oper «Rigoletto» zugrunde legen.
28 Vgl. A. Ubersfeld, Les conditions d'un refus idéologique: Hugo devant la presse de 1831 à 1840. In: Hommage à Georges Fourrier. Paris 1973, S. 359–379
29 O.C. IV/2, S. 655f.
30 O.C. V/1, S. 673
31 O.C. IV/1, S. 367
32 O.C. V/1, S. 386
33 «Pente de la rêverie»: Der Titel ist aufgrund seiner Zweideutigkeit schwer ins Deutsche zu übersetzen. «Pente» bedeutet zugleich «Hang», «Neigung» und «Abhang», «abschüssige Bahn».
34 Vgl. etwa folgende Gedichte: XV, dem das Motto «Laßt die Kinder zu mir kommen» vorangestellt ist, XIX («Wenn das Kind erscheint»), XXXVII («Gebet für alle») und XX («Seine Mutter indessen»), alle in «Les feuilles d'automne» («Herbstblätter»).
35 Das Gedicht «O mes lettres d'amour» in «Les feuilles d'automne».
36 Es handelt sich um die Gedichte «A Mademoiselle J.» und XXIX (ohne Titel), das im Manuskript die Widmung «Für Dich, Julie» trägt. Beide in «Les chants du crépuscule».
37 Es sind die Texte «A Ol.» («Les voix intérieures» XII) und «A une jeune femme» («Les rayons et les ombres» XVIII).
38 Brief an Adèle Hugo vom 16. Oktober 1829, in: Sainte-Beuve: Correspondance générale. Paris 1935–1949, Bd. 1, S. 146
39 O.C. IV/2, S. 1027
40 Sainte-Beuve, Randnotiz nach Maurois, op. cit., S. 200
41 Die Briefe Sainte-Beuves an Adèle Hugo sind nur zum Teil erhalten geblieben.
42 Insbesondere aus dem Gedichtband «Le livre d'amour» (1843) und dem Roman «Volupté» (1834)
43 O.C. IV/2, S. 940f.
44 Zit. nach L. Barthou: Les amours d'un poète, S. 139
45 Zit. nach L. Barthou, op. cit., S. 385
46 O.C., VI/1, S. 162
47 La Mode, 1841, Bd. II, S. 343 (zit. nach Maurois, op. cit., S. 287)
48 Juliette beschreibt seine Reaktion: «Ich erhebe die Augen auf ihn: niemals, solange ich lebe, werde ich den unsagbaren Ausdruck der Verzweiflung auf seinem edlen Antlitz vergessen.» Zit. nach Maurois, op. cit., S. 312
49 A. de Lamartine: Correspondance générale. Paris 1875, Bd. VI, S. 168
50 O.C. VI/1, S. 200
51 La Revue Indépendante, Januar 1845, S. 276 und Februar 1846, S. 341
52 Vgl. A. Faure/J. Rancière (Hg.): La Parole ouvrière 1830/1851. Paris 1976, S. 259
53 Ch.V., 1830–1846, S. 333f.
54 G. Sand: Correspondance. Paris 1971, Bd. VIII, S. 351
55 Ch. Baudelaire: Œuvres complètes. Paris 1976, Bd. II, S. 1029f.
56 O.C. VII/1, S. 134f.
57 Ch.V. 1847–48, S. 355
58 Vermutlich war er der uneheliche Sohn eines niederländischen Generals.
59 O.C. VII/1, S. 258
60 La Revue des Deux Mondes, 1. Juni 1850, S. 913–936
61 O.C. VII/1, S. 342
62 Dieses neue Paris verklärt vor allem Jacques Offenbach mit seinen berühmten Operetten.
63 Zu dieser Problematik vgl. P. Angrand: Victor Hugo raconté par les papiers d'État. Paris 1961
64 Sie wird jedoch erst 1877 erscheinen.
65 Es wird ins Deutsche, Italienische,

Spanische und Englische übersetzt, es erscheint in Nord- und Südamerika («Napoleón el chiquito»).
66 Ch.V. 1849–1869, S. 231
67 Ch.V. 1849–1869, S. 227, S. 231
68 Ch.V. 1849–1869, S. 242
69 Dies zeigen vor allem die Ansprachen, die er am Grabe von verstorbenen Verbannten oder deren Angehörigen hält. Im übrigen tut er auch alles, um sie finanziell zu unterstützen.
70 Vgl. dazu O.C. IX/2, S. 1167–1487
71 Siehe vor allem die Gedichte «Le Te Deum du 1er Janvier 1852», «Un bon bourgeois dans sa maison», «Paroles d'un conservateur».
72 O.C. IX/1, S. 535
73 Fragment geblieben sind auch die vergleichbaren Projekte «Religions et religion» (hg. 1880) und «La pitié suprême» (hg. 1879).
74 So etwa der Bischof von Evreux, Jacques Gaillot
75 P. Albouy: Mythographies. Paris 1976, S. 137
76 O.C. XIII/2, S. 774
77 O.C. XIV/1, S. 353f.
78 Vgl. O.C. XIV/1, S. 7ff.
79 Ch.V. 1849–1869, S. 468
80 Baudelaire: Œuvres complètes, Bd. I, S. 85ff.
81 J. Drouet: Mille et une lettres d'amour, S. 608
82 G. Simon: La Vie d'une femme, S. 429
83 Ch.V. 1848–1869, S. 458f.
84 Ch.V. 1848–1869, S. 459ff.
85 O.C. IX/1, S. 354ff.
86 O.C. XII/1, S. 594
87 O.C. XII/2, S. 883
88 O.C. XIV/1, S. 867
89 O.C. XIV/1, S. 868
90 O.C. XIV/2, S. 852
91 O.C. XIV/2, S. 878f.
92 So in einer Erklärung vom 18. 8. 1859, vgl. O.C. X/1, S. 725
93 O.C. XIV/2, S. 881f.
94 Vgl. dazu Ch.V. 1870–1885, S. 83ff.
95 O.C. XV/2, S. 1240ff.
96 O.C. XV/2, S. 1244
97 O.C. XVI/1, S. 473f.
98 G. Sand: Souvenirs et impressions. Paris 1873, S. 232–235
99 A. Decaux: Victor Hugo. Paris 1984, S. 981
100 Ch.V. 1870–1885, S. 354
101 O.C. XVI/1, S. 579
102 J. Drouet: Mille et une lettres d'amour, S. 701
103 Ch.V. 1870–1885, S. 323
104 G. Flaubert: Correspondance. Paris 1930, Bd. VII, S. 108
105 Louise Colet diente dem Exilierten als «Briefkasten»: Sie leitete seine Korrespondenz an republikanische Oppositionelle weiter.
106 In dieser Rede heißt es u. a.: «In diesem Jahrhundert, dessen Gesetz es ist, die Französische Revolution zu beenden und die Menschheitsrevolution zu beginnen, war eine große Frau notwendig, denn die Gleichheit der Geschlechter ist ein Teil der Gleichheit der Menschen. Die Frau mußte beweisen, [...] daß sie stark sein kann, ohne doch aufzuhören, sanft zu sein. George Sand ist dieser Beweis.» O.C. XV/2, S. 1381
107 O.C. XVI/1, S. 105f.
108 Ch.V. 1870–1885, S. 361
109 Es bedeutet sinngemäß, daß Gott das Universum aus und für die Liebe geschaffen hat.
110 Unsere Deutung lehnt sich an die Interpretation von A. Ubersfeld: Hugo ou l'aïeul infini. In: Lendemains 10 (1978), S. 45–54, und dieselbe: Paroles de Hugo. Paris 1985, S. 167–184
111 Vgl. A. Rosa: Victor Hugo. L'Éclat d'un Siècle. Paris 1985,

S. 186. Die Summe entspricht ungefähr 150 Millionen Neuen Francs.

112 J. Drouet: Mille et une lettres d'amour, S. 828

113 Ch.V. 1870–1885, S. 445

114 O.C. XVI/1, S. 392

115 O.C. XVI/2, S. 963

116 Das letztere liegt in drei Versionen vor. Vgl. dazu Tombeau de Victor Hugo. Paris 1985, S. 21 f.

117 E. de Goncourt: Journal, zit. nach: Tombeau de Victor Hugo, S. 151

118 Tombeau de Victor Hugo, S. 163

119 O.C. XVI/1, S. 378

120 J.-P. Sartre: L'être et le néant. Paris 1943, S. 628

121 Vgl. La gloire de Victor Hugo. Paris 1985, S. 81

122 Le Figaro, 11. Juli 1945

123 Erwähnenswert sind vor allem Jean-Bertrand Barrère, Pierre Albouy, Georges Poulet, Léon Cellier, Jean Gaudon, Claude Gély, Yves Gohin, Bernard Leuillot, Jean Massin, Henri Meschonnic, Georges Mounin, Guy Rosa, Jacques Seebacher und Anne Ubersfeld.

Zeittafel

1802 Victor-Marie Hugo wird am 26. 2. in Besançon als dritter Sohn des Offiziers Léopold-Sigisbert Hugo und der Sophie Trébuchet geboren.

1803 Geburt von Adèle Foucher, der späteren Ehefrau Victor Hugos.

1804 Kaiserkrönung Napoleons I.

1806 Geburt von Julienne Gauvain (Juliette Drouet), der späteren Lebensgefährtin Victor Hugos.

1808 Sophie und ihre Söhne folgen Léopold Hugo nach Italien (Neapel).

1809 Sophie kehrt mit ihren Söhnen nach Paris zurück.

1811/12 Spanienaufenthalt.

1815 Ende des Kaiserreichs (Schlacht bei Waterloo). Beginn der Restauration: König Ludwig XVIII. Victor und sein Bruder Eugène werden in der Pension Cordier unterrichtet. Victor schreibt erste Verse.

1816 Victor im Lycée Louis-le-Grand; schreibt eine Tragödie *(Irtamène)*.

1817 Lobende Erwähnung aus Anlaß des Lyrik-Wettbewerbs der Académie Française für das Gedicht *Le bonheur que procure l'étude dans toutes les situations de la vie (Das Glück, das das Studium in allen Situationen des Lebens gewährt)*.

1818 Hugo schreibt die Erzählung *Bug Jargal (Die schwarze Fahne)*, erste Fassung.

1819 Preise der Akademie der Blumenspiele von Toulouse für die Oden *Les vierges de Verdun (Die Jungfrauen von Verdun)* und *Le Rétablissement de la statue de Henri IV (Die Wiederherstellung der Statue Heinrichs IV.)*. Gründung des *Conservateur littéraire*.

1820 Gratifikation des Königs für die Ode *Sur la mort du Duc de Berry (Auf den Tod des Herzogs von Berry)*. Meister der Blumenspiele der Akademie von Toulouse für sein Gedicht *Moïse sur le Nil (Moses auf dem Nil)*.

1821 Tod der Mutter. Verlobung mit Adèle Foucher.

1822 Königliche Pension nach der Publikation der *Odes (Oden)*. Eheschließung Victors mit Adèle Foucher in Saint-Sulpice, Paris.

1823 Publikation des ersten Romans *Han d'Islande (Han von Island)*. Gründung der Zeitschrift «La Muse française». Geburt des ersten Sohns Léopold-Victor, der nach knapp drei Monaten stirbt.

1824 *Nouvelles odes (Neue Oden)*. Geburt der Tochter Léopoldine.

1825 Hugo wird Ritter der Ehrenlegion; nimmt an der Krönung Karls X. in Reims teil mit dem Auftrag, eine Ode zu verfassen.

1826 Veröffentlichung von *Bug Jargal (Die schwarze Fahne)*, zweite Fassung. Geburt des Sohnes Charles. *Odes et ballades (Oden und Balladen)*.

1827 Ode *A la colonne de la place Vendôme (An die Säule der Place Vendôme)*. *Cromwell* (einschließlich der *Préface*). Hugos Distanz zum Regime der Restauration wächst.

1828 Scheitern des Stückes *Amy Robsart*. Geburt des Sohnes François-Victor. Tod des Vaters.

1829 Gedichtsammlung *Les orientales (Die Orientalen)*. Erzählung *Le dernier jour d'un condamné (Der letzte Tag eines zum Tode Verurteilten)*. Aufführungsverbot für *Un duel sous Richelieu (Ein Duell unter Richelieu)*.

1830 Die Schlacht um *Hernani*; Triumph des romantischen Dramas; Geburt der Tochter Adèle. Julirevolution: Louis-Philippe wird König («Bürgerkönig»). Mit der Ode *A la jeunesse des écoles (An die Jugend der Hochschulen)* bekennt sich Hugo zur Revolution.

1831 *Notre-Dame de Paris (Der Glöckner von Notre Dame)*. *Marion de Lorme* wird aufgeführt. Gedichtband *Les feuilles d'automne (Herbstblätter)*.

1832 Aufführung und Verbot des Stückes *Le roi s'amuse (Der König amüsiert sich)*.

1833 Aufführung der Stücke *Lucrèce Borgia* und *Marie Tudor*. Beginn der Beziehung zu Juliette Drouet.

1834 *Claude Gueux* (Erzählung).

1835 Aufführung des Stückes *Angelo, tyran de Padoue (Angelo, Tyrann von Padua)*. Gedichtband *Les chants du crépuscule (Gesänge der Dämmerung)*.

1836 Scheitern der Wahl in die Académie Française.

1837 Gedichtband *Les voix intérieures (Innere Stimmen)*.

1838 Aufführung von *Ruy Blas*.

1840 Erneutes Scheitern der Wahl in die Académie Française. Gedichtband *Les rayons et les ombres (Lichtstrahlen und Schatten)*. Reise ins Rheintal.

1841 Wahl in die Académie Française.

1842 Reisebericht *Le Rhin (Der Rhein)*. Hugo spricht sich für eine deutsch-französische Allianz aus.

1843 Scheitern des Stückes *Les burgraves (Die Burggrafen)*. Reise nach Spanien und in die Pyrenäen; tödlicher Unfall der Tochter Léopoldine und ihres Ehemannes Charles Vacquerie.

1844 Ernennung zum Pair de France und Mitglied des Oberhauses («Chambre des Pairs»). Hugos Liaison mit Léonie Biard provoziert einen Skandal. Beginn der Arbeit am Sozialroman *Les misères*, später unter dem Titel *Les misérables (Die Elenden)* veröffentlicht.

1848 Februarrevolution in Paris: Sturz der Julimonarchie und Proklamation der (zweiten) Republik. Wahl Hugos in die verfassunggebende Nationalversammlung; Mitglied der Kommission zur Wiederherstellung der Ordnung nach dem Arbeiteraufstand im Juni. Seine Söhne gründen die Zeitschrift «L'Événement». Wahl von Louis Napoléon Bonaparte zum Präsidenten der Republik.

1849 Wahl Hugos in die gesetzgebende Nationalversammlung. Präsident des Weltfriedenskongresses.

1850 Rede über die Freiheit des Schulwesens.

1851 Rede über das allgemeine Wahlrecht. Hugos Frontenwechsel zur Republikanischen Linken. Dezember: Staatsstreich des Präsidenten Louis Napoléon Bonaparte; Hugo ruft zum Widerstand auf und muß mit falschem Paß nach Brüssel fliehen.

1852 Publikation des Pamphlets *Napoléon-le-petit (Napoleon der Kleine)* in London. Hugo verläßt Belgien und läßt sich auf der britischen Kanalinsel Jersey nieder (Marine-Terrace), gefolgt von seiner Familie und Juliette Drouet. Nach einem Plebiszit läßt sich Louis Napoléon zum Kaiser Napoleon III. proklamieren. Beginn des Zweiten Kaiserreichs.

1853 Publikation des Lyrikbandes *Châtiments (Bestrafungen)*.

1854/55 Hugo schreibt Teile der metaphysischen Epen *La fin de Satan (Das Ende Satans)* und *Dieu (Gott)*.

1855 Hugo muß Jersey verlassen und geht nach Guernsey (Hauteville-House in St. Peter Port).

1856 Publikation des Gedichtbandes *Les contemplations (Die Betrachtungen)*.

1859 Hugo weist das Amnestieangebot Napoleons III. zurück. *La légende des siècles (Die Legende der Jahrhunderte)*, erste Serie.

1860 Wiederaufnahme der Arbeit an *Les misérables*.

1862 Publikation von *Les misérables* mit großem Erfolg.

1863 Publikation von *Victor Hugo raconté par un témoin de sa vie (Victor Hugo erzählt von einem Zeugen seines Lebens)*, verfaßt von seiner Frau Adèle. Tochter Adèle folgt ihrem Geliebten nach Nordamerika.

1864 Essay *William Shakespeare*.

1865 Madame Hugo läßt sich in Brüssel nieder. Sohn Charles heiratet Alice Lehaene in Brüssel. Publikation der *Chansons des rues et des bois (Lieder der Straßen und Wälder)*.

1866 Hugo schreibt das Theaterstück *Mille francs de récompense (Tausend Francs Belohnung)*. Publikation des Romans *Les travailleurs de la mer (Die Arbeiter des Meeres)*.

1867 Vorwort zu «Paris-Guide», entstanden aus Anlaß der Weltausstellung.

1868 Tod der Ehefrau Adèle in Brüssel. Hugo begleitet den Sarg bis zur französischen Grenze. Geburt des Enkels Georges.

1869 Publikation des Romans *L'homme qui rit (Der Mann mit dem Lachen)*. Hugo schreibt das Theaterstück *Torquemada* (veröffentlicht 1882). Geburt der Enkelin Jeanne. Hugo Präsident des Friedenskongresses von Lausanne.

1870 Juli: Deutsch-französischer Krieg. Sturz Napoleons III. nach der Niederlage von Sedan. Proklamation der Republik (4. September). Rückkehr Hugos nach Paris (5. September). Appelle an die Deutschen, die Franzosen, die Pariser. Aufruf zum Widerstand.

1871 Wahl in die Nationalversammlung, die in Bordeaux zusammentritt; Demission Hugos; Aufstand der Commune in Paris. Tod des Sohns Charles. Hugo begibt sich nach Brüssel; dort gewährt er verfolgten Kommunarden Schutz; muß daher Brüssel verlassen, flieht nach Luxemburg (Vianden). Im Herbst Rückkehr nach Paris.

1872 Publikation des Epos *L'année terrible (Das furchtbare Jahr)*. Aufenthalt in Guernsey.

1873 Tod seines Sohns François-Victor.

1874 Historischer Roman *Quatrevingt-treize (Dreiundneunzig)*.

1875 Publikation der Dokumentation *Actes et paroles (Taten und Worte) I (Avant l'exil [Vor dem Exil]*) und *II (Pendant l'exil [Während des Exils])*.

1876 Hugo wird zum Mitglied des Senats gewählt; setzt sich für die Amnestie der Kommunarden ein. *Actes et paroles (Taten und Worte) III (Depuis l'exil [Seit dem Exil])*.

1877 Zweite Serie von *La légende des siècles (Legende der Jahrhunderte)*. Gedichtband *L'art d'être grand-père (Die Kunst, Großvater zu sein)*; *Histoire d'un crime (Geschichte eines Verbrechens)*.

1878 Leichter Schlaganfall.

1880 Gedichtband *Religions et religion (Religionen und Religion)*.

1881 Volksfest aus Anlaß des Beginns seines 80. Lebensjahrs. Gedichtband *Les quatre vents de l'esprit (Die vier Windrichtungen des Geistes)*.

1883 Tod von Juliette Drouet. Dritte Serie von *La légende des siècles (Legende der Jahrhunderte)*.

1885 22. Mai: Tod Victor Hugos. Staatsbegräbnis und Beisetzung in der Krypta des Pantheons.

Zeugnisse

Gustave Flaubert
Was für ein Mensch, dieser Victor Hugo! Verdammt, welch ein Dichter! Ich habe in einem Zug die zwei Bände der «Legende der Jahrhunderte» verschlungen.

An Ernest Feydeau, 1859

«Les misérables» macht mich wütend, und es ist nicht erlaubt, Böses über dieses Werk zu sagen: man erweckt den Eindruck, ein Spitzel zu sein. Die Position des Autors ist uneinnehmbar, unangreifbar. Ich, der ich ihn ein Leben lang verehrt habe, bin gegenwärtig empört! Ich muß endlich einmal «explodieren». Ich finde in diesem Buch weder Wahrheit noch Größe. Der Stil erscheint mir absichtsvoll unkorrekt und niedrig. Es ist eine Form, dem Volk zu schmeicheln. [...] Dieses Buch ist geschaffen für die katholisch-sozialistische Canaille, für dieses ganze philosophisch-evangelische Ungeziefer. [...] Dieses Buch ist, trotz einiger schöner Stellen, und sie sind selten, kindisch. [...] Das ist meine Meinung; ich behalte sie natürlich für mich. Alles, was eine Feder führt, schuldet Hugo zuviel Dank, um sich Kritik zu erlauben.

An Madame Roger des Genettes, 1862

Charles Baudelaire
Wenn man sich vorstellt, was die französische Lyrik war, bevor er erschienen ist, und welche Verjüngung sie erlebt hat, seit er gekommen ist; [...] wie viele geheimnisvolle und tiefe Gefühle, die ausgedrückt worden sind, stumm geblieben wären; [...] wie viele Männer, die er zum Leuchten gebracht hat, dunkel geblieben wären, dann ist es unmöglich, ihn nicht als einen jener seltenen und vom Schicksal gesandten Geister anzusehen, die auf literarischem Gebiet das Heil aller bewirken, wie andere auf moralischem und andere auf politischem Gebiet.

Reflexionen über einige meiner Zeitgenossen I, Victor Hugo, 1861

Émile Zola
In der Geschichte unserer Literatur kann allein Voltaire mit Victor Hugo verglichen werden, aufgrund des enormen Raumes, den er während eines Jahrhunderts eingenommen hat, und aufgrund des beherrschenden Einflusses, den er auf seine Generation ausgeübt hat. [...] Victor Hugo verkörperte die ganze Bewegung der ersten Jahrhunderthälfte. [...] In dem Augenblick, da seine Kraft vielleicht nachließ, angesichts der Ehrungen, die ihm zuteil wurden, machte das Schicksal aus ihm einen Verbannten, und sogleich wurde aus dem König ein Gott. [...] Uns al-

len, den jungen Leuten von zwanzig Jahren, erschien er wie ein gefesselter Koloß, der noch inmitten der Stürme sang, er war Prometheus, er war übermenschlich, er beherrschte Frankreich, das er von fern mit seinem Adlerblick bewachte. [...] Während Victor Hugo triumphierte, im Glanz seiner Apotheose, hielt der französische Geist, der sich in einem ständigen Werden befindet, gleichwohl nicht inne. [...] Alles ist zusammengestürzt um ihn herum, der Trödel der Romantik liegt in Trümmern zu seinen Füßen; selbst das Vorwort zu «Cromwell» macht lächeln; aber es genügt, daß er aufrecht steht, um auf seinen breiten Schultern den pompösen Dekor der toten Schule zu tragen. Er für sich allein ist die ganze Romantik. [...] Ich kenne Arbeiter, die auf ihren Tabak verzichten, um Werke Victor Hugos zu kaufen, wenn sie in Lieferungen zu zehn Centimes erscheinen; sie lesen sie nicht, aber sie lassen sie einbinden und heben sie zu Hause auf wie Luxusmöbel, auf die sie stolz sind.

Victor Hugo, 1881

Anatole France
Wird Victor Hugo nach seinem Tod jenen Platz behalten, den er während seines Lebens eingenommen hat? [...] Niemand ist in der Lage, dies zu erahnen. [...] Man kann lediglich sagen, daß der Ruhm des Dichters [...] einen schwierigen und kritischen Augenblick durchlebt. [...] Gewisse Illusionen verfliegen. [...] Die Griechen haben es gesagt: der Mensch ist das Maß aller Dinge. Victor Hugo ist maßlos, weil er nicht menschlich ist. Das Geheimnis der Seelen wurde ihm niemals völlig enthüllt. Er war nicht geschaffen zu verstehen und zu lieben. Er fühlte es instinktiv. Daher wollte er erstaunen; er hatte lange die Kraft dazu. Aber kann man immer erstaunen? Er lebte trunken von Tönen und Farben, und er machte die Welt damit trunken. Hierin liegt sein ganzes Genie: er ist ein großer Visionär und ein unvergleichlicher Künstler. Das ist viel. Das ist nicht alles.

La vie littéraire. Sur le quai malaquais, 1889

Hugo von Hofmannsthal
Aber das dumpfgewaltige Tier, das größer gesinnt ist als der Mensch, und das schuldlose Kind, dessen Einfalt Gott beschützt, sind wiederum nur wie Symbole für die größte der dumpfen Mächte, für das Volk. Ja es würden sich, das ganze Werk Victor Hugos hindurch, Hunderte von Symbolen finden lassen, die das Volk verherrlichen. Denn da seine Symbole nicht mit dem Verstand gefunden, sondern aus der Fülle der mit Bildlichkeit geschwängerten Erregung geboren sind, so fand er, wenn eine große Sache seine Phantasie erfüllte, überall im Universum verwandte Vibrationen, und gab sie mit solcher Kraft wieder, daß der Hörer sich mit Entzücken und Schauder der ungeheuren Konkordanzen des Daseins bewußt wird. Das ist die geheimnisvolle Kraft seiner Poesie; denn seine Weltanschauung ist ärmlich, vage und fast trivial, wenn man sie abstrakt formulieren will; aber doch ist sein Weltbild großartig, indem es mit genialem Instinkt das Geistige mit dem Materiellen verknüpft; und niemals durch das Gedankliche eingeengt, trägt diese Phantasie aus den Erscheinungen der ganzen Welt das ihr Gemäße zusammen und verfährt da so wie die menschliche Lebenskraft selber, die uns durch das unendliche Gewirr der Widersprüche des Daseins durchleitet, ohne daß wir zugrundegehen.

Studie über Victor Hugo, 1901

Maurice Barrès

Hugo. – Sein Werk hat kein Gleichgewicht, es fällt auf die Nase, fällt auf den Hintern, ist absurd.

Mes cahiers, 1904

Heinrich Mann

Fruchtbarer Optimismus – zuletzt möchte jeder ihn haben. Ganz auf die Art des Geschlechts von 1848 und ihres Dichters werden wir ihn nicht erreichen. Victor Hugo vergrößert und ist Optimist. Sein Optimismus hängt möglichenfalls damit zusammen, daß er nicht zu genau hinsieht; ganz sicher aber damit, daß er alles Erblickte in die feurige Masse wirft, woraus Statuen werden. Ihm soll das Leben Größe atmen. Daher glaubt er auch, daß es vervollkommnungsfähig ist, und daß es nie endet. Ein Meister unserer geistigen Mitwelt, Anatole France, starb fast so alt wie Victor Hugo in der Überzeugung, es sei für alle aus, unsere Welt sei am Ende. Sehen sie dagegen hin, wie Victor Hugo Kinder darstellt, sie, die sogar nahe betrachtet nie enttäuschen, sie, die unbewußt hindurchkommen durch Schrecken, Haß und den Streit der Geister. Unschuld ist dauerhafter als das Verbrechen samt dem Verhängnis. Die Zukunft wird gerettet in den Kindern. Darum halten sie die Mitte in dem Buch entfesselter Menschheit, «1793».

Victor Hugo, 1925

Paul Claudel

Wer hätte das Herz, dem armen Dichter, den solche scheußlichen Träume bedrängen, seinen ehrenwerten Glauben an eine bessere Zukunft, an eine aufgeklärte und erneuerte Menschheit vorzuwerfen? Doch das ist unerreichbare Zukunft. [...] Was wird im übrigen dieses strahlende Morgen sein? Man findet davon in dem riesigen Werk keinerlei Vorahnung, die fähig sein könnte, uns zu rühren, keinen lebendigen Zug, keinen Hauch, der in einem generösen Herzen die Leidenschaft der Sehnsucht und der Hoffnung entfachen könnte. Es ist immer das Ende von etwas, das Ende Satans, das Ende der Tyrannei, des Elends, der Krankheit, des Aberglaubens. Gut! Aber was schlagen Sie uns denn wirklich vor? [...] Die Religion ohne Religion des Victor Hugo, das ist so etwas wie der Wein ohne Alkohol, der Kaffee ohne Coffein und der Topinambur, der arme Verwandte der Kartoffel. Der Protestantismus war schon gescheitert mit diesen hygienischen Versuchen der Vervollkommnung. Ein Franzose wird immer solch faden Imitationen eine loyale und mutige Negation vorziehen.

Sur le vers français, 1925

Romain Rolland

Der Victor Hugo, den ich «gekannt» habe, ist keineswegs der, den die heutige Zeit kennt oder verkennt. [...] Was er für mich – einen Jungen von fünfzehn bis neunzehn Jahren – war, will ich versuchen, in Erinnerung zu rufen. [...] Er war der Apostel der Menschlichkeit. Wir fühlten uns unter seiner Vormundschaft. Und wenn seither die mächtige Liga für die Menschenrechte und jene tatkräftigen internationalen Organisationen wie die Arbeiterhilfe, die Rote Hilfe, Unterstützungskomitees für Unterdrückte entstanden sind, die über die Welt wachen, mit der Waffe in der Hand – und wenn wir selbst dieser Armee beigetreten sind, wenn wir nicht aufhören, seit Jahren von einer Front zur anderen auf dem Schlachtfeld zu eilen, für die Verteidigung der Opfer einer mörderischen Gesellschaftsordnung –, sind wir nicht, ohne es zu wissen, der Keim der Töne, die aus der Lyra des «Alten Orpheus» hervorgegangen sind?

Compagnons de Route. Le Vieux Orphée: Victor Hugo, 1936

Jean Cocteau

Hugo ist ein Verrückter, der sich für Victor Hugo hielt.

Nach André Gide, 1947

Louis Aragon

Ich schreibe im Jahre 1952, [...] da wir Franzosen uns aus Anlaß eines Kalenderdatums daran erinnern, daß Frankreich vor 150 Jahren der Welt einen Mann geschenkt hat, in dem sie für immer Frankreich wiedererkennen wird, ähnlich wie Italien in Dante, England in Shakespeare, Rußland in Puschkin und Deutschland in Goethe, ein Kind, das sein Vater, ein Soldat des Kaiserreichs, Victor nannte, und dessen friedliche Herrschaft heute so groß ist, daß die Sonne in seinem Reich auf- und untergeht, daß es kein Land auf der Erde gibt, in dem man heute den Namen Victor Hugo nicht kennt.

Haben Sie Victor Hugo gelesen? 1952

Victor Klemperer

Ungeheuer reich an Ergebnissen nenne ich dies lange Leben. Denn in seinen Kunstwerken verkörpert Hugo zuerst die Frühromantik, die noch nicht zur vollen Freiheit und Entfaltung gelangt ist; mit einer Fülle lyrischer, epischer und dramatischer Dichtungen, zugleich auch als Programmatiker, wird er dann zum Führer der französischen Vollromantik; in seinen späteren Romanen und manchem seiner späteren Gedichte offenbart er das, was ich hier als «Romantik im Umbau» kennzeichnen werde. [...] Und endlich bereitet er auf seine Weise, ein Pionier für sich, der symbolistischen Dichtung und der Neuromantik überhaupt den Weg. Als er stirbt, ist die Flut dessen, was die bürgerliche Literaturgeschichte den Realismus und den Naturalismus genannt hat, schon im Abschwellen. [...] Aber die Neuromantiker und Symbolisten, so manches sie ihm auch verdanken, werden ihn niemals, und dies mit allem Recht, als einen der Ihrigen anerkennen, und sein Ruhm wird verdunkelt sein, wo immer sie tonangebend sind. Er ist ihnen zu laut, zu derb, zu gesund, zu plebejisch, zu fortschrittsgläubig. Er ist für sie zu sehr ein Dichter des Volkes.

Geschichte der französischen Literatur, 1956

Vor allem aber ist «Les Misérables» ein Musical über Gerechtigkeit und Liebe, über Armut und Ideale, über den Aufstand der Geknechteten – kurzum: für einen Schalker, der das alles nur zu gut selber kennt, also genau das Richtige.

Schalke Unser, Fan-Zeitung, 1996

Bibliographie

1. Werkausgaben

Œuvres complètes. Édition définitive, gen. de l'Imprimerie nationale. 45 Bde. Paris 1901–1952

Œuvres complètes. Édition chronologique. Hg. unter der Leitung von Jean Massin. 18 Bde. Paris 1967–1970

Œuvres complètes. Hg. unter der Leitung von Jacques Seebacher. 15 Bde. Paris 1985–1986

Choses vues. Hg. von Hubert Juin. 4 Bde. Paris 1972

Zu empfehlen sind auch die Einzelausgaben in den Taschenbuchreihen «Le Livre de Poche», «Gallimard Folio» und insbesondere «Garnier Flammarion» (G. F.)

2. Übersetzungen

Die Elenden. Übers. von Hugo Meier. Zürich 1995, Manesse

Die Elenden. Übers. von Paul Wiegler und Wolfgang Günther. 3 Bde. Berlin 1990, Volk und Welt

Der Glöckner von Notre Dame. Übers. von Hugo Meier. Zürich 1986, Manesse

Der Glöckner von Notre Dame. Übers. von Else Schorn. Berlin 1990, Verlag Neues Leben; Frankfurt a. M. 1990, Insel

Han der Isländer. Übers. von Eberhard Wesemann. Leipzig 1988, Kiepenheuer

Das Jahr 1793. Übers. von Alfred Wolfenstein. Leipzig 1989, Kiepenheuer

Lucretia Borgia. Maria Tudor. Übers. von Georg Büchner. Frankfurt a. M. 1987, Athenäum

Napoleon der Kleine. Zürich 1991, Diogenes

Die schwarze Fahne (Bug Jargal). Übers. von Helmut Bartuschek. München 1988, dtv

Das Teufelsschiff (Die Arbeiter des Meeres). Übers. von Hans Kauders. Zürich 1987, Diogenes

Der letzte Tag eines Verurteilten. Übers. von F. v. Scheu. Zürich 1990, Diogenes

Lob der Buchdruckerkunst. Zürich 1978, Arche

Rheinreise. Nachw. Friedrich Wolfzettel. Frankfurt a. M. 1982, Societäts-Verlag

Aus Victor Hugos Oden: Der Antichrist und Lieder der Landschaft. Nachdichtung von Clemens Hellberg. Lörrach 1946

Die lachende Maske (L'homme qui rit). Übers. von Eva Schumann. Berlin 1962, Verlag Neues Leben; Leipzig 1965, List

3. Bibliographische Hilfsmittel

Ward, Patricia A.: Victor Hugo (Œuvres – critiques). Paris 1985
–, u. a.: Victor Hugo, œuvres et critiques 1981–1983. Paris 1992

4. Untersuchungen zu Leben und Werk

Albouy, Pierre: La création mythologique chez Victor Hugo. Paris 1963
–: Mythographies. Paris 1976
Angrand, Pierre: Victor Hugo raconté par les papiers d'État. Paris 1961
Aragon, Louis: Avez-vous lu Victor Hugo? Paris 1952
Backes, Michael: Die Figuren der romantischen Vision. Victor Hugo als Paradigma. Tübingen 1994
Barbey d'Aurevilly, Jules: Victor Hugo. Paris 1922
Barrère, Jean-Bertrand: La Fantaisie de Victor Hugo. Paris 1949–1960, 3 Bde.
–: Hugo, l'homme et l'œuvre. Paris 1952 (Neuausgabe Paris 1984)
Barthou, Louis: Les Amours d'un poète. Paris 1919
Baudoin, Charles: Psychanalyse de Victor Hugo. Genf 1943
Biermann, Karlheinrich: Literarisch-politische Avantgarde in Frankreich 1830–1870. Hugo, Sand, Baudelaire und andere. Stuttgart, Berlin 1982
Biré, Edmond: Victor Hugo avant 1830. Paris 1892
Calle-Gruber, Mireille, und Rothe, Arnold (Hg.): Lectures de Victor Hugo. Paris 1986
Cellier, Léon: L'Épopée romantique. Courants et mythes. Paris 1954
–: Baudelaire et Hugo. Paris 1970
Daudet, Léon: La Tragique Existence de Victor Hugo. Paris 1937
Decaux, Alain: Victor Hugo. Paris 1984
Drouet, Juliette: Mille et une lettres d'amour à Victor Hugo. Hg. von Paul Souchon. Paris 1951
Engler, Winfried (Hg.): Schwerpunkt Victor Hugo. In: Lendemains 10, Köln 1978
Escholier, Raymond: La Vie glorieuse de Victor Hugo. Paris 1928
–: Un amant de génie – Victor Hugo. Paris 1983
Flottes, Pierre: L'Éveil de Victor Hugo. Paris 1957
Gaudon, Jean: Hugo dramaturge. Paris 1962
–: Ce que disent les tables parlantes. Paris 1964
–: Le Temps de la contemplation. Paris 1969
Gautier, Théophile: Histoire du romantisme. Paris 1911
Gély, Claude: Victor Hugo, poète de l'intimité. Paris 1969
Goncourt de, Edmond et Jules: Journal. Mémoires de la vie littéraire. 1956, 4 Bde.
Guillemin, Henri: Victor Hugo par lui-même. Paris 1951
–: Hugo et la sexualité. Paris 1954
Hofmannsthal, Hugo von: Studie über die Entwicklung des Dichters Victor Hugo. Wien 1901
Hugo, Adèle: Victor Hugo raconté par un témoin de sa vie. Brüssel 1863
–: Victor Hugo raconté par Adèle Hugo. Paris 1985
Hugo, Léopold: Mémoires. Paris 1934
Ionesco, Eugène: Hugoliade. Paris 1982
Journet, René, und Guy, Robert: Le Mythe du peuple dans «Les Misérables». Paris 1964

Juin, Hubert: Victor Hugo I (1802–1843), Paris 1980; Victor Hugo II (1844–1870). Paris 1984; Victor Hugo III (1870–1885). Paris 1986
Kahn, Jean-François: L'Extraordinaire Métamorphose ou cinq ans de la vie de Victor Hugo (1847–1851). Paris 1984
Kirsch, Fritz-Peter: Probleme der Romanstruktur bei Victor Hugo. Wien 1973
Lacretelle, Jacques, u. a.: Victor Hugo. Paris 1967
Lafargue, Paul: La Légende de Victor Hugo. Paris 1885
Laster, Arnaud: Pleins feux sur Victor Hugo. Paris 1981
–: Victor Hugo. Paris 1984
Leuilliot, Bernard: Victor Hugo publie «Les Misérables». Paris 1970
Lücke, Theodor: Victor Hugo. Berlin (DDR) 1979
Maurois, André: Olympio ou la Vie de Victor Hugo. Paris 1954, Nachdruck Paris 1985
Meschonnic, Henri: Écrire Hugo. Paris 1977, 2 Bde.
Péguy, Charles: Victor-Marie, comte Hugo. Paris 1934
Piroué, Georges: Victor Hugo romancier ou les Dessus de l'inconnu. Paris 1985
Poulet, Georges: La Distance intérieure. Paris 1952
Rosa, Annette: Victor Hugo. L'éclat d'un siècle. Paris 1985
Roy, Claude: La Vie de Victor Hugo racontée par Victor Hugo. Paris 1952
Seebacher, Jacques: Notre-Dame de Paris. 1482. Introduction, Paris 1975
–, und Ubersfeld, Anne (Hg.): Hugo le fabuleux. Paris 1985
Simon, Gustave: La Vie d'une femme. Paris 1914
Stapfer, Paul: Victor Hugo à Guernesey. Paris 1905
Ubersfeld, Anne: Le Roi et le Bouffon. Paris 1974
–: Paroles de Hugo. Paris 1985
–, und Guy, Rosa (Hg.): Lire les Misérables. Paris 1985
Van Tieghem, Philippe: Victor Hugo, un génie sans frontières. Dictionnaire de sa vie et de son œuvre. Paris 1985
Wentzlaff-Eggebert, Harald: Zwischen kosmischer Offenbarung und Wortoper: Das romantische Drama Victor Hugos. Erlangen 1984

5. Ikonographie (Bildbände, Kataloge etc.)

Barrielle, Jean-François: Le Grand Imagier Victor Hugo. Paris 1985
Dessins de Victor Hugo. Paris 1985, Maison Victor Hugo
Hauteville-House. Guide général, Paris 1994, Maison Victor Hugo
Hugo, Victor: Le Soleil d'encre. Dessins. Texte de Gaétan Picon. Paris 1985, Musée du Petit Palais
Victor Hugo. Dessins mis en page par Alin Avila, textes de Pierre Dassau et Henri Focillon. Paris 1983
Victor Hugo en bande dessinée. Scénario de Daniel et Hélène Martha, Dessin de Pierre Frisano. Paris 1985
Lafargue, Jacqueline: Victor Hugo, dessins et lavis. Paris 1983
La Gloire de Victor Hugo. Paris 1985, Musée du Grand Palais
Le Rhin. Le voyage de Victor Hugo en 1840. Paris 1985, Maison Victor Hugo
Maison de Victor Hugo. Guide général. Paris 1993, Maison Victor Hugo
Seghers, Pierre: Victor Hugo visionnaire. Paris 1983
Tombeau de Victor Hugo. Paris 1985

Namenregister

Die kursiv gesetzten Zahlen bezeichnen die Abbildungen

Über den Autor

Karlheinrich Biermann, Studium der Romanistik, der Philosophie und der Evangelischen Theologie. Nach Promotion und Habilitation Professor für Romanische Philologie (Literaturwissenschaft) an der Westfälischen Wilhelms-Universität Münster. Buchveröffentlichungen: Selbstentfremdung und Mißverständnis in den Tragödien Jean Racines (1970); Literarisch-politische Avantgarde in Frankreich 1830–1870 (1982); Mexiko (1993); Co-Autor der «Französischen Literaturgeschichte», hg. v. J. Grimm (1989/1994). Forschungsschwerpunkte: Neuere französische Literatur; Literatur und Kultur Mittelamerikas und der Karibik.

Quellennachweis der Abbildungen

© Photothèque des Musées de la Ville de Paris, Paris: 2, 9, 10, 11, 12, 13, 15, 17, 25 (2), 27 (4), 36, 39, 40, 46, 51, 56, 57, 63, 66/67, 72, 80, 85, 90, 93, 94, 101, 104, 105, 119, 128, 131, 132, 133, 134, 135, 136, 138
Archiv für Kunst und Geschichte, Berlin: 6, 71
Photo Réunion des Musées Nationaux, Paris (Fotos Gérard Blot): 19, 86
Archives nationales, Paris: 24
Fotos © Bibliothèque nationale de France, Paris: 31, 43, 59, 61, 77, 122, 127, 130
Bibliothèque municipale, Nizza: 65
Bildarchiv Preußischer Kulturbesitz, Berlin: 74 (Bundesarchiv, Außenstelle Rastatt)
Musée départemental Victor Hugo, Villequier: 84 (Foto Yohann Deslandes)
Aus: Pierre Sehers: Victor Hugo visionnaire. Paris 1983: 88
Aus: Arnaud Laster: Victor Hugo. Paris 1984: 97, 108, 113
Ullstein Bilderdienst, Berlin: 110
Aus: Jacqueline Lafargue: Victor Hugo dessins et lavis. Paris 1983: 112
Aus: Raymond Escholier: Un amant de génie Victor Hugo. Paris 1953: 125
Aus: La gloire de Victor Hugo. Katalog. Paris 1985: 140 (Cinémathèque française)
Aus: Henri Guillermin: Victor Hugo par lui-même. Paris 1970: 141